Klaas Apitz / Maximilian Gege
Was Manager von der Blattlaus lernen können

Klaas Apitz / Maximilian Gege

WAS MANAGER VON DER BLATTLAUS LERNEN KÖNNEN

Erfolgsrezepte der Natur
im Unternehmen anwenden

GABLER

CIP-Titelaufnahme der Deutschen Bibliothek

Apitz, Klaas: /
Was Manager von der Blattlaus lernen können:
Erfolgsrezepte der Natur im Unternehmen anwenden /
Klaas Apitz; Maximilian Gege. – Wiesbaden : Gabler 1991
  ISBN-13: 978-3-322-82523-0
NE: Gege, Maximilian:

Der Gabler Verlag ist ein Unternehmen der Verlagsgruppe Bertelsmann International.

© Betriebswirtschaftlicher Verlag Dr. Th. Gabler GmbH, Wiesbaden 1991
Softcover reprint of the hardcover 1st edition 1991

Lektorat: Ulrike M. Vetter

Alle Rechte vorbehalten. Das Werk einschließlich aller seiner Teile ist urheberrechtlich geschützt. Jede Verwertung außerhalb der engen Grenzen des Urheberrechtsgesetzes ist ohne Zustimmung des Verlags unzulässig und strafbar. Das gilt insbesondere für Vervielfältigungen, Übersetzungen, Mikroverfilmungen und die Einspeicherung und Verarbeitung in elektronischen Systemen.

Umschlaggestaltung: Schrimpf und Partner, Wiesbaden
Satz: Satzstudio RESchulz, Dreieich-Buchschlag

ISBN-13: 978-3-322-82523-0   e-ISBN-13: 978-3-322-82522-3
DOI: 10.1007/ 978-3-322-82522-3

Vorwort

Dies ist ein Abenteuerbuch für verantwortungsbewußte Entscheider. Also für all jene, die in irgendeiner Form darüber mitentscheiden, ob die Menschheit sich durch die Zerstörung der Umwelt selbst vernichtet oder ob sie die Wende schafft. Es geht um die Lösung des größten Problems, das die Menschheit je hatte. Wir sägen uns gerade den Ast, auf dem wir sitzen, selbst ab. Wenn wir so weitermachen, ist das Ende nur eine Frage der Zeit.

Es gibt die Lösung. Sie ist ebenso einfach wie plausibel. Und seit sechs Milliarden Jahren erprobt.

Es gibt den Weg der Wende. Dieses Buch zeigt die unabdingbare Notwendigkeit dieser Wende auf und beschreibt präzise den Kurs. Das unterscheidet dieses Buch sicherlich von jenen, die visionär Furchtbares prophezeien, ohne dies präzis zu beschreiben oder Lösungen anzubieten.

Die Verhinderung der Umweltkatastrophe ist durch eine Wende erreichbar, die im Kopf beginnt und im Frieden mit der Natur endet. Das Erfolgsrezept der Autoren ist so einfach wie überzeugend: die Superfabrik Natur zeigt uns, wie es funktioniert. Das Sympathische dieser Lösung: jeder von uns, der sie praktiziert, wird gewinnen; jeder, der diese Lösung ablehnt, wird verlieren. Das System Natur, das sechs Milliarden Jahre überlebt hat, wird auch jene egozentrischen Profiteure des zwanzigsten Jahrhunderts überleben, die glauben, dieses System zu ureigenstem Nutzen maßlos ausbeuten zu können.

Das System Natur kennt Toleranzen, ja – es ist ein System der Toleranz. Aber jeder und alles, was diese Grenze überschreitet, wird eliminiert. Je früher und klarer wir das erkennen, um so besser für uns alle.

Ein gewaltiges Abenteuer liegt vor uns. Es besteht darin, Neues zu erkennen und zu erobern. Das bietet ungeahnte Chancen. Auch wirtschaftliche Chancen, von denen wir noch nie geträumt haben und die bisher wohl kein Visionär in diesem Umfang annähernd skizziert hat.

Derartige Erfolge resultieren aus neuem Denken über die Umwelt, die Natur, die Zukunft. Wir erkennen, daß die Umwelt nicht der Gegner der Wirtschaft sein muß – wie uns dies die Öko-Apostel weiszumachen versuchen –, sondern vielmehr, daß beide komplementäre Funktionen haben.

Die Entscheider der Gegenwart werden die „revolutionären" Chancen sofort erkennen, wenn sie sich mit dem faszinierenden Erfolgskonzept der Natur auseinandersetzen, in dem selbst die Blattlaus eine wichtige Rolle spielt.

Unsere wesentliche Chance liegt in der Tatsache, daß Wirtschaft und Natur Komplementäre sind. Für die Wirtschaft heißt das konkret, daß sie durch Ökologie-Orientierung zu einem neuartigen Konzept kommt und stärker als je zuvor die Grundlage für den Menschen darstellt, in dieser Welt zu überleben. Das schaffen wir jedoch nur, wenn wir die Komplementarität verstehen und respektieren. Dann können wir alle überleben. Jeder von uns und die Natur. Oder nur die Natur und keiner von uns. Die Elite von heute wird sich morgen daran messen lassen müssen, welchen Beitrag sie zu dieser Wende geleistet hat.

Dieses Buch ist in vier Kapitel gegliedert. Kapitel 1 beschreibt die Superfabrik Natur, Kapitel 2 die Probleme des Umwelt-Bewußtseins, Kapitel 3 die Struktur der Natur, Kapitel 4 gibt Ihnen konkrete Empfehlungen für die Wende.

Wir danken ganz besonders unserem Freund Hans-Heinrich M. Hatlapa, mit dem uns nicht nur gemeinsame Mitgliedschaft im Bundesdeutschen Arbeitskreis für umweltbewußtes Management e.V. (B.A.U.M.) verbindet, sondern auch gemeinsames Engagement für ein neues Bewußtsein über Ökologie. Hans-Heinrich M. Hatlapa hat dieses Buch durch zahlreiche Ideen, Hinweise und Anregungen wesentlich mitgeformt. Des weiteren danken wir Klaus Kirchhoff und Achim Struchholz für die redaktionelle Überarbeitung des Manuskriptes.

September 1990 *Klaas Apitz,* Düsseldorf
Maximilian Gege, Hamburg

Inhalt

Vorwort 5

1. Die Superfabrik Natur 11
1.1 Wir brauchen planetarisches Denken 11
1.2 Das Dilemma unserer Wirtschaftsordnung 15
1.3 Die Gültigkeit der Naturgesetze 16
1.4 So wirtschaftet die Natur 19
1.5 Vom Umweltverbrauch zum Haushalten 25
1.6 Der Preis der Natur 28
1.7 Umweltschutz und Umwelterziehung 29
1.8 Vier grundsätzliche Strategien 30

2. Umweltbewußtsein und Unternehmens-Image
2.1 Das falsche Image der Natur 33
2.2 Die Wende ist notwendig 39
2.3 Wer morgen überleben will, muß heute handeln 41
2.4 Wo steht Ihr Unternehmen heute? 44
2.5 Was kann ich tun? 48
2.6 Suche nach Vorbildern 51
2.7 Dreizehn Schritte zum Erfolg 54
2.8 Gesellschaft und Wirtschaft in 20 Jahren: Eine Vision 57

3. Die Struktur der Natur
3.1 Die Natur als natürliches System 61
3.2 Der Bauplan organischer Unternehmensentwicklung .. 63
3.3 Die Dimension des Marktes 65
3.4 Das biologische Modell der Ablauforganisation 68
3.5 Das mutige Management 70
3.6 Der Selbstmord des Größenwahns 73
3.7 Das Dogma des Wettbewerbs 77

3.8 Die Eliminierung umweltverschmutzender
 Unternehmen 83
3.9 Die neue Unternehmensführung 87
3.10 Die Lösung des Abfallproblems 89
3.11 Wirtschaft und Energie 97

4. **Umweltorientierte Unternehmensführung**
4.1 Kosten der Umweltschäden 103
4.2 Umweltgesetzgebung 104
4.3 Ökologische Preise 107
4.4 Wettbewerbsvorteile 108
4.5 Das Prinzip Verantwortung 109
4.6 Umweltcontrolling 112
4.7 Umweltschutzmanagement 113
4.8 Umweltorientierte Materialwirtschaft 117

4.9 Umweltorientierte Beschaffungspolitik 119
    Beispiel: Papier 119
    Allgemeine Empfehlungen 120

4.10 Umweltfreundliche Verfahrenstechnik 122
     Beispiel: Lacke 122
     Beispiel: Chlorbleiche 124
     Beispiel: Lösungsmittel 124

4.11 Umweltgerechte Entsorgung 125
     Beispiel: Schwermetallrecycling 127
     Beispiel: Farbeimer 127
     Beispiel: Altfahrzeuge 128

4.12 Umweltfreundliches Energiemanagement 128
     Energiekonzept 129
     Energiebeauftragter 130
     Energielieferverträge 130
     Beispiel: Wärmeschutz an Gebäuden 131
     Beispiel: Wärmeerzeugung 132
     Beispiel: Wärmerückgewinnung 133

Beispiel: Kraftmaschinen 134
Beispiel: Beleuchtung 134
Beispiele für Energieeinsparungen 137

4.13 Wasser- und Abwassermanagement 138
Einsparmöglichkeiten 139
Beispiel: Wassereinsparung 141
Wasserhähne 141
Spülkästen 141
Abwasserbehandlung 142

4.14 Lärm-Management 143

4.15 Fuhrpark 144
Autonutzung 146
Energieeinsparung im Fuhrpark 147

4.16 Umweltbedingungen am Arbeitsplatz 148
Standortentscheidungen 148
Bauwesen 148
Arbeitsplatz 152

4.17 Beispiel: Marketing 153

4.18 Weitere Beispiele 156

4.19 Umweltschutz-Förderprogramme 158

4.20 Externe Hilfe 159

Literaturverzeichnis 167

Stichwortverzeichnis 171

1. Die Superfabrik Natur

1.1 Wir brauchen planetarisches Denken

Die Menschheit steht am Ende des zweiten Jahrtausends vor einem epochalen Wandel. Die Situationsanalyse wird im Zeitalter der Raumfahrt auch dadurch bestimmt, daß ferne Bilder von unserem blauen Planeten den Raumschiffcharakter der Erde bewußt machen. Unsere erreichte Fähigkeit, vom Weltraum aus gleichsam auf uns selbst zu blicken, gewährt uns die einzigartige Chance, Einblick in unsere Umwelt und unser weiteres Schicksal als biologische Art zu gewinnen.

Der Vorbeiflug der US-Raumsonde Voyager 2 am Neptun, dem äußersten Planeten unseres Sonnensystems im Herbst 1989, repräsentierte nicht allein geniale Technik und weltumspannende Organisation, sondern hat den einmaligen Charakter des Raumschiffes Erde in einem für Menschen sonst lebensfeindlichen Weltraum überdeutlich werden lassen. Sobald diese Sonde unser Sonnensystem verläßt, werden ihre Kameras ein abschließendes „Familienportrait" von allen uns umgebenden Planeten machen. Jedem Erdbewohner wird damit offenbar, was uns die Pionierleistung menschlichen Geistes zu lehren vermag: Wir erkennen deutlicher denn je die Einzigartigkeit unserer kosmischen Lebensnische.

Der Planet Venus zeigt uns die Wirkung des Treibhauseffektes, eine Auswertung seiner Atmosphären-Komposition läßt manchen besser verstehen, wie Chemikalien die Ozonschicht der Erde zu zerstören vermögen. Windstürme auf dem Mars rücken Visionen über einen nuklearen Winter in den Vordergrund. Neptun und sein Mond Triton werden uns womöglich helfen, andere Schäden zu verstehen, die wir unserem Raumschiff ständig zufügen.

Auf unserem wunderschönen blauen Planeten herrschen Lebensbedingungen, die unserem wissenschaftlichen Forschungsstand nach bislang einmalig sind und die im Laufe von Milliarden Jahren die Entwicklung einer Lebensgemeinschaft von Lebewesen ermöglichten.

Seine Biosphäre besteht aus der Gesamtheit aller Ökosysteme in ihrer regionalen Anordnung. Alle Lebensbedingungen, die für ein Individuum oder ein Ökosystem an ihren Lebensstätten wirksam sind, bezeichnen wir als Umwelt: mit ihr gehen wir um, als seien die durch menschliche Habgier ausgerotteten oder gefährdeten Tier- und Pflanzenarten jederzeit reproduzierbar.

Die Produktivität der irdischen Ökosysteme entwickelte sich im Laufe der Zeit zu höchstem Optimum. Die Erde ist ein Organismus, in dem Pflanzen, Tiere und Menschen wie Zellen sind. Alle Stoffe befinden sich im ständigen Kreislauf.

Solange die Menschheit im vorindustriellen Zeitalter vom Einkommen aus der Pflanzenproduktion und somit der zugestrahlten Energie aus Richtung Sonne lebte, war sie noch ein Teil jener Systeme, aus denen unsere Umwelt aufgebaut ist. Deren verschiedene Arten und Komponenten stehen in gesetzmäßiger, vernetzter Beziehung zueinander. Jedes Lebewesen übt dabei eine Spezialfunktion aus und erhält sein Wirkungsfeld erst durch die Stabilität des Ganzen. Diese vom Menschen erst in diesem Jahrhundert erkannte Biokybernetik ist die Organisationsform, nach der lebende Systeme seit Milliarden Jahren wirtschaften.

In diese gewachsene Welt ist der „moderne" Mensch mit ungeheurer Dynamik eingebrochen. Zunächst nur, um die Unbillen des Daseins zu lindern. Später in der Vorstellung, sich die Natur mit künstlichen Systemen untertan zu machen und menschliche Arbeit durch Maschinen zu ersetzen.

Doch die Erkenntnis, daß wir für unseren vermeintlichen Wohlstand und das Streben nach Überfluß unseren Preis auf andere Weise zu zahlen haben, wächst. Lebensqualität und Gesundheit gehen verloren. Das Unbehagen nimmt zu, und Rückkopplungseffekte sind auch von chronischen Gesundbetern nicht mehr zu übersehen.

In einem einzigen Jahrzehnt wurden in der Bundesrepublik mehr als 15 000 Erholungsgebiete und schutzwürdige Lebensräume für Pflanzen und Tiere ausgelöscht, unzählige Arten an den Rand des Aussterbens gebracht. 400 000 Hektar Grund und Boden wurden verbraucht, überbaut oder asphaltiert: 120 Hektar Marschgeschwindigkeit der Zerstörung − täglich.

Mit jedem Tag nimmt der Mißbrauch der Wasserläufe zu, wird die Luft weiter mit Giftstoffen angereichert, wächst die Liste der Chemikalien, deren Langzeitwirkung und Bildung neuer toxischer Verbindungen niemand kennt. Giftige Substanzen, deren Gefährlichkeit höher einzustufen ist als das Risiko der Radioaktivität, verschwinden in unvorstellbarer Menge in Boden und Grundwasser. Die Grenze der Belastbarkeit unseres Lebensraums, das Ausmaß des Verbrauchs an Umweltkapital, die kritische Situation aller lebendigen Kreisläufe dieser Erde zwingen uns jetzt auf den Weg eines gigantischen Strukturwandels.

Unserem Raumschiff Erde, dieser einmaligen Nische kosmischen Lebens, sind alle Erdkonserven und Ressourcen, die wir heute so gnadenlos und selbstverständlich ausbeuten, nur in begrenzter Form mitgegeben. Unser jetziges Verhalten legt die Vermutung nahe, als würden wir morgen auf einen anderen Planeten übersiedeln.

Wenn wir in diesem Zusammenhang vom planetarischen Denken sprechen, so bedeutet dies, die Einmaligkeit unseres blauen Planeten zu achten und zu würdigen. Wir leben auf diesem Planeten mit der Begrenztheit seiner Ressourcen. Für diese eine Welt inmitten eines zutiefst lebensfeindlichen Weltraums gibt es keinen Ersatz. Seien wir uns der Labilität und der Empfindsamkeit unseres Systems bewußt, das uns nur funktionstüchtig eine Lebensgrundlage sein kann. Erst das Vorhandensein von Natur unterscheidet unseren Planeten von Milliarden anderen Sternen, die ohne Leben durchs All ziehen. So haben wir auch eine Verantwortung: die Einzigartigkeit dieser winzigen Oase des Lebens im unendlichen Weltall zu schützen und zu achten.

Der schmale sauerstoff-führende Gürtel rings um die Erde, dessen spezifischer Zusammensetzung wir unser Leben verdanken, ist nur etwa so dick wie die Entfernung von Köln nach Bonn. Permanent lassen wir ungerührt ungeheure Mengen von Giften und Abgasen in diesen Gürtel hinein, obwohl dessen Selbstreinigungskraft begrenzt ist.

Innerhalb der nächsten 50 Jahre wird sich die Anzahl der Weltbevölkerung verdoppelt haben, die jedes Jahr 60 Prozent der durch Photosynthese an Land erzeugten organischen Materie beansprucht wird. Jeder einzelne Mensch tut dies allein durch seinen Anspruch auf Ernährung, Kleidung, Energie, Behausung und Mobilität. Diese fünf Milliarden Menschen in Zivilisationsräumen mit Millionen von Familien, unzählbaren Produktionsstätten in mehr als 100 Staaten mit unterschiedlichen gesellschaftlichen Systemen, stellen eine derart große Menge an Einzelverbräuchen, Emissionen, Müllerzeugung und Umweltbelastung dar, daß es schwerfällt, Lösungsansätze zu finden.

Dies alles geschieht bei einem immer größer werdenden sozialen Abstand zwischen den wenigen reichen Industrienationen und der Masse der armen Länder der Dritten Welt. Da diese Länder nur ihre natürlichen Ressourcen an Arbeitskraft, Wald und Bodenschätzen zur Verfügung haben, führt dieses Mißverhältnis nicht nur zu wachsender Überschuldung, sondern auch zur hemmungslosen Ausbeutung der Natur.

Es wird immer offensichtlicher, daß die zentralen Umweltprobleme der nächsten Zeit globale Probleme sein werden, ob es sich nun um die drohende Aufheizung der Erdatmosphäre oder die Zerstörung der Ozonschicht handelt. Dies beweist die Notwendigkeit eines globalen Denkens. Der oft zitierte Slogan „Wir sitzen alle in einem Boot" mag nicht besonders neu sein — aktuell und den Tatsachen entsprechend ist er allemal.

Die Lösung der Umweltprobleme auf unserem Planeten wird nur gelingen, wenn wir erkennen, daß die Kapazitäten und Ressourcen unseres Raumschiffes begrenzt sind. In einigen Bereichen neigen sie sich bereits dem Ende entgegen.

Machen wir endlich Schluß mit einer Wirtschaftspolitik, in der auf den kurzfristigen Erfolg zielende Profiteure diese Tatsachen mißachten und uns, mehr aber noch unseren Kindern, die Lebensgrundlage rauben. Die Erde braucht endlich ein planetarisches Denken aller Verantwortlichen in Politik, Wirtschaft und Wissenschaft sowie Verbänden. Die Unternehmer, die schon so oft Zeichen eines Neubeginns gesetzt haben, sollten damit anfangen.

1.2 Das Dilemma unserer Wirtschaftsordnung

Der schwerwiegendste Nachteil des globalen Wirtschaftssystems ist die Illusion, Wirtschaftswachstum sei bis ins Grenzenlose möglich. Sicherlich ist ein Wirtschaftswachstum zur Deckung der Grundbedürfnisse einer angeschwollenen Weltbevölkerung auch weiterhin notwendig. Es geht allerdings darum, eine Wachstumsform zu finden, die das Ausmaß der damit verbundenen enormen Umweltbelastungen in Grenzen hält. Die Natur jedenfalls reagiert auf Knappheit der Lebensgrundlagen vollkommen anders als wir: sie vermindert das Wachstum und schränkt die Zahl der Nachkommen ein.

Wir befinden uns in einer Situation, in der die harten Konturen einer Technologie von kaum noch zu überschauendem Ausmaß hervortreten. Schöpfer und Macher geraten aus lauter Begeisterung über den eigenen Erfolg und die Routine des wirtschaftlichen Wachstums durch eine naive Ignoranz der Lebensvorgänge jetzt in selbstgeschaffene Zwänge, die nicht nur den Fortgang der Geschäfte allein, sondern auch den Fortbestand der Menschheit bedrohen. Am Ende des zweiten Jahrtausends stehen wir daher vor einem grundlegenden Wandel von Denkstrukturen. Sie zeichnen sich bereits in Veränderungsprozessen des Bewußtseins ab und müssen weit über den ökonomischen Bereich hinaus alle gesellschaftlichen Funktionen erfassen.

Wir müssen Wertvorstellungen darüber entwickeln, welche Erde wir in Zukunft wollen.

Es gilt daher, das ökonomische System durch einen ökologischen Rahmen an der weiteren Zerstörung unserer Lebensgrundlagen zu hindern. Solange die Wachstumszwänge im wirtschaftlichen und gesellschaftlichen Bereich nicht von innen her abgebaut werden, bedarf es weiterhin der Gebote und Verbote, Gesetze und Verordnungen, die den Umweltmißbrauch herabsetzen und unsere Gesellschaft vor der Flutwelle der Verschmutzung schützen.

Der bestimmende Maßstab für den Umweltschutz muß die Vermeidung der ökologischen Entkapitalisierung sein. Umweltschutz sollte darauf ausgerichtet sein, in einem geschlossenen materiellen System mit einem Minimum an Rohstoffen und Energieverschleiß eine optimale Lebensqualität zu erreichen. Dies geschieht durch Einsparung von Energie und Rohstoffen in der Güterproduktion, durch längere Lebensdauer und die Reparierbarkeit technischer Produkte, durch Rezirkulation und den mehrmaligen Einsatz wichtiger Rohstoffe.

Naturgerechtes Wachstum steht für eine Wirtschaftsphilosophie, die eine grundsätzliche Umstellung vom Erwerbs- und Gewinnprinzip zum Haushalts- oder Sparprinzip zum Ziel hat.

Unser Wirtschaftsprozeß lebt davon, daß er die Erdkonserven an Öl, Kohle und Erzlagerstätten als wertvolle natürliche Rohstoffe in den Produktionsprozeß aufnimmt und letztlich als Abfall wieder auf Müllhalden entläßt. Diese Ideologie des Wachstumsyndroms kann auf Dauer keine Zukunft haben. Offenbar fällt es uns schwer, vom Produktionsbetrieb Biosphäre zu lernen, welche die Bäume nicht in den Himmel wachsen läßt.

Das Beispiel einer tausendjährigen Eiche zeigt beispielhaft, daß etwa 100 Jahre nach dem Keimen der Baum das Höhenwachstum einstellt und von da nur noch im Stammumfang zunimmt. Wir wissen von Bäumen auf dieser Erde, die nicht zuletzt durch diesen selbstbegrenzenden Mechanismus ein Alter von 5- bis 8000 Jahren erreicht haben.

Wenn wir das Anwachsen der Umweltzerstörung entscheidend verlangsamen wollen, müssen wir den Kreislaufprozeß der Natur auf die umweltkritischen Bereiche der Gesellschaft übertragen. Diese Aufgabe setzt einen Kenntnisstand voraus, der es ermöglicht, die Zusammenhänge im Ökosystem vor dem Hintergrund physikalischer Naturgesetze zu erkennen und ihnen Rechnung zu tragen.

1.3 Die Gültigkeit der Naturgesetze

In der Natur existieren elementare Gesetze, deren Bedeutung die Wirtschaft bislang noch nicht erkannt hat und deren Konsequenzen sie nicht einzuschätzen vermag. Wenn sich diese Gesetze auch mit überwiegend physikalischen Phänomenen befassen, ist ihre Gültigkeit für alle die Ökologie betreffenden Fragen dennoch nicht zu leugnen. Einen zentralen Stellenwert besitzt in diesem Zusammenhang das Gesetz der Thermodynamik. Mit der Erhebung des ersten und zweiten Hauptsatzes der Thermodynamik zum anerkannten wissenschaftlichen Axiom vor über 100 Jahren gehört die Vermittlung des Entropiegesetzes, das als Grundgesetz vom Niedergang verstanden werden kann, zur Standardthematik der naturkundlichen Bildungswissenschaften. Die Konsequenzen jedoch, die sich für die Menschheit aus dem zweiten Hauptsatz der Thermodynamik ergeben, werden vom Management nicht umgesetzt.

Wir wissen seit Mitte des vorigen Jahrhunderts, daß Energie in ihren wesentlichen Erscheinungsformen, Arbeit und Wärme, nur durch Umwandlung nutzbar wird (Clausius 1865). Der *erste Hauptsatz* der Thermodynamik besagt, daß in einem geschlossenen System, wie es die Erde darstellt, Energie durch Umwandlung nicht verloren geht. Nach dem *zweiten Hauptsatz* der Thermodynamik wird die Energie durch den Prozeß der Umwandlung jedoch entwertet und bleibt als Niedertemperaturwärme nutzlos. Energie verliert durch Umwandlung an Qualität. Die Energie, die beispielsweise eine Glühbirne in Licht und Wärme umsetzt, existiert in dem geschlossenen Kreislauf Erde nach wie vor. Eine reale Verfügbarkeit dieser umgewandelten Energie gibt es hingegen nicht mehr. Sie ist wertlos geworden.

Das *Maß der Entwertung* bezeichnet man als *Entropie*. Diese Entwertung kann nach dem zweiten Hauptsatz der Thermodynamik nur zunehmen oder unverändert bleiben, aber keinesfalls kleiner werden.

So wie der zweite Hauptsatz der Thermodynamik den Verfügbarkeitsverlust von einer Stufe der Energie zur anderen beschreibt, gilt er als Prinzip auch für die Materie. Die Materie verliert durch Umwandlung im Produktionsprozeß ebenfalls an Verfügbarkeit, weil sie aus der ursprünglichen Konzentration — etwa in Erzlagern — in die Verteilung durch die Produktion überführt wird.

Die technische Produktion des Menschen zur Bedarfserfüllung gliedert sich in:

- Gewinnungsprozesse durch Entnahme aus der Erdkonserve,
- Produktionsprozesse durch Umwandlung von Energie und Rohstoffen mittels Arbeit in Gebrauchs- und Verbrauchsobjekte,
- Verwendungsprozesse.

Auf die Umwelt wirken dabei Emissionen und Immissionen, Landnahme zur Raumbedarfsdeckung sowie Lebensraumentzug für Lebewesen des Ökosystems. Die Vorstellung einer verlustlosen Verfügbarkeit von Energie und Materie beherrscht immer noch die Produktionsbetriebe. Der Verschwendungsfortschritt läßt immer mehr Maschinen entstehen, mit deren Hilfe begrenzte Rohstoffe in Abfall und Energie in Niedertemperaturwärme verwandelt werden.

Durch die irrwitzige Verhaltensweise, daß wir uns von unwiederbringlichen Rohstoffen nicht nur vollständig abhängig machen, sondern sie als Gipfel der Groteske in immer schnellerer Folge auf die Abfallhalden werfen, entfernen wir uns zunehmend von den Kreislaufprozessen der Natur.

Bereits in wenigen Jahrzehnten werden vor allem Ressourcen wie Erdöl, Erdgas, Uran, Asbest, Quecksilber, Zink und andere aufgebraucht sein, von dem begrenzten Aufnahmevermögen der Erde für Abfälle und Zivilisationsgifte ganz zu schweigen.

Der zweite Hauptsatz der Thermodynamik lehrt uns jedoch, daß unser heutiges Wirtschaften einen nicht umkehrbaren Prozeß von der Bodenschatzkonzentration in die Zerstreuung bewirkt. Knappheit muß die Folge sein, weil man Rohstofflager eben nur einmal ausbeuten kann.

Wenn wir das verhängnisvolle Anwachsen der Entropie entscheidend verlangsamen wollen, müssen wir Prozesse entwickeln, die das Prinzip des Kreislaufes und der Rezirkulation zum Inhalt haben. Die Konsequenzen der thermodynamischen Gesetze müssen umgesetzt werden. Das ist bislang nicht erfolgt.

1.4 So wirtschaftet die Natur

Wer die Natur beherrschen will, muß sich ihr unterordnen. Seit der Dämmerung unseres Daseins hat die Natur den Menschen unendlich viele kopierbare Anregungen für seine Werkzeuge, seine Konstruktionen, für physikalische und chemische Experimente gezeigt. Die durchaus zulässige Eigennützigkeit stimulierte Fortschritte ohne schädliche Folgen. Für den heutigen Menschen geht es darum, einen Lernprozeß voranzutreiben, um die Rahmenbedingungen der Natur wieder als Überlebensvoraussetzung zu verstehen. Folgen Sie uns in diesem Kapitel daher in die faszinierende Welt der Superfabrik Natur.

Die Fabrik Biosphäre ist uns täglich ein Vorbild. Sie kennt weder Rohstoffsorgen noch Abfallprobleme und erreicht Nullwachstum durch Fließgleichgewicht. Dennoch hat sie in den Milliarden Jahren ihres Bestehens eine phantastische Entwicklung genommen, an deren Höhepunkt die menschliche Lebensform steht, die ebenso wie alle anderen Lebewesen aus. Der Materialumsatz der Biosphäre, der auf der Erde viele hundert Millarden Tonnen (!) organischen Materials umfaßt, bleibt durch vollständige Rezirkulation immer auf dem gleichen Stand der Biomasse. Die Produktionspalette der Natur besteht aus einer sich ständig wandelnden Vielfalt von Hunderttausenden verschiedener Pflanzen, Tiere und Kleinstlebewesen.

Die Sonne unterhält dabei einen Kreislauf, in dem unter Freisetzung von Sauerstoff Nahrung gebildet und unter Sauerstoffbindung Nahrung abgebaut und Kohlendioxid (CO_2) freigesetzt wird. Dies geschieht in Form von dezentral gewonnener Solarenergie und entspricht nach den Vorstellungen der Wissenschaft der Leistung von mehr als einer Million großer Kernkraftwerke.

Die Biosphäre kennt keine Monostrukturen und keine Multis, sondern nur Vielfalt im dezentralen Verbund − small is beautifull.

In ihren Produktions- und Herstellungsprozessen fallen in der Fabrik Biosphäre keine Emissionen an, sondern Atemluft, die wir alle teilen, Wasserdampf, der unsere Wolken bildet, Abwasser, das klar und trinkbar den Quell unseres Lebens darstellt.

Zu den Phänomenen des Lebens gehört die wohl größte Erfindung der Natur, das Wunder der Photosynthese. Lichtenergie wird von Chloroplasten, Bestandteilen der Pflanzenzelle, in Energie umgewandelt. Die Photosynthese dient der Reduktion des aufgenommenen Kohlendioxides (CO_2) und Wassers (H_2O) in energetisch höherwertiges Kohlenhydrat und steuert den Sauerstoffkreislauf des Lebens, der etwa 100 Milliarden Tonnen ausmacht.

Das Chlorophyll der Pflanzen ist so wertvoll, daß die Pflanzen diese Stoffe im Herbst teilweise wieder einziehen und als Betriebsmittel einlagern. Auch hierbei geht es um das Haushalten in laufender Anpassung an sich ständig verändernde Umweltbedingungen. Grüne Pflanzen erzeugen aus anorganischen Stoffen lebende Materie, die von den Konsumenten genutzt und umgewandelt wird. Deren Abfälle werden wiederum durch Reduzenten (überwiegend Kleinstlebewesen) über sensible chemische Vorgänge für die Pflanze erneut nutzbar gemacht.

Sofern es der Wissenschaft gelänge, das Wunder der Photosynthese restlos zu entschlüsseln und über Laborversuche hinaus in dezentrale technische Produktionen umzusetzen, wäre dies von überlebensentscheidender Bedeutung.

Die industrielle Fertigung richtet durchaus schon ihren Blick auf Strukturen und Funktionen der Natur. Aber wir müssen erkennen, wie begrenzt die menschlichen Kopiermöglichkeiten noch sind, wenn es sich um solch komplexe Vorgänge handelt. Andererseits zeigt gerade das von allen pflanzlichen Lebewesen angewendete Prinzip der Photosynthese exemplarisch die Bandbreite natürlicher Herstellungsprozesse und die Nutzung unbegrenzter Energiequellen.

Das wichtigste Rezept zur Schonung unserer Raumschiffressourcen ist Recycling als organisiertes Handeln gegen das Anwachsen der Entropie. Dies bedeutet die Besinnung auf die Grundlagen überlebensfähiger Ökosysteme, d.h. auf das seit Milliarden von Jahren funktionierende Leben im Kreislaufprozeß. Die Rezirkulation von Rohstoffen wie Metallen, Glas, Papier und anderen Substanzen hat dann ähnliche Auswirkungen wie die Verlängerung der Lebensdauer von Gebrauchsgütern.

Die Rezirkulation verlangsamt insgesamt die Material- und Energieflüsse und somit die Zunahme der Entropie. Das Ziel aller Recycling-Prozesse besteht darin, durch den Einsatz von Energie, Arbeit, Ideen und Kapital wirtschaftliche Prozesse von der Natur abzuschauen. Hier liegt ohne Zweifel die größte Herausforderung der Wirtschaft durch die Ökologie. Jedes Recycling vermindert die Ressourcenentnahme, jedes Recycling trägt zur Verminderung der Emissionshypothek bei. Wiederverwendung hat zum Ziel, alle Emissionen möglichst weitgehend wieder dem System zuzuführen und in einen Produktionskreislauf einzubinden. Es kommt somit allein auf die Organisation des Abscheidens, des Sortierens und Sammelns an.

Für das künstliche ökonomische System des Menschen bleibt das Schließen des Kreislaufs, wie es die Natur so beispielhaft vormacht, eine Illusion. Die Erhöhung der Gesamtentropie läßt sich nicht vermeiden. Dennoch ist durch eine Umstellung auf Sparsamkeit die Möglichkeit gegeben, das Verschwendungstempo ganz erheblich zu verlangsamen und den Erfordernissen einer gesunden Umwelt anzupassen.

Kleine Insekten zeigen uns zum Beispiel Papierherstellung im Gewinnungs-, Produktions-, Verwendungs- und Abbauprozeß, wie er seit Millionen Jahren in der Natur funktioniert. Wespen und Hornissen raspeln feine Altholzspäne ab, zerkauen sie und bauen „Sommerwohnsilos" für ein oft vieltausend Individuen umfassendes Volk. Architekten sind fasziniert von Statik, Raumnutzung und Funktion des kunstvollen Gebildes, das im Herbst wieder verlassen wird und unter einer Vielzahl von „Abbrucharbeitern" den Reduzenten anheimfällt. Im nächsten Frühjahr ist meist alles wieder zu Humus umgewandelt, auf dem ein neuer Baum keimen könnte.

Gut funktionierende Altpapier-Recycling-Systeme sind inzwischen im ökonomischen Betrieb des Menschen entwickelt worden. Einer Optimierung im Sinne eines Kreislaufprozesses steht jedoch noch mangelndes Bewußtsein über die zentrale Bedeutung des Recycling entgegen.

Überhaupt stellt das Recycling der Abfälle technischer Produktionssysteme eine der größten Herausforderungen unserer Zeit dar. In der

Bundesrepublik Deutschland fallen im Jahr etwa 19 Millionen Tonnen Hausmüll, 6,5 Millionen Tonnen Gewerbeabfälle, 3 Millionen Tonnen Industrie-Sonderabfälle und zwischen 25 und 30 Millionen Kubikmeter Klärschlämme an. Die Abfallmenge steigt jährlich. Der Anteil an Verpackung macht einen erheblichen Müllposten aus. Während sich aber das Recyclingprinzip in natürlichen Ökosystemen im Laufe der Evolution zu immer größerer Vielfalt und Vollkommenheit entwickelte, stecken wirksame Abfallrecyclingverfahren der technischen Zivilisation noch in den Kinderschuhen. Hier intensiv zu forschen und zu arbeiten wird eine zentrale Aufgabe der Zukunft sein.

Ein weiteres phantastisches Beispiel für die Vorbildfunktion der Natur findet sich im Bereich „Verpackung". Im Organisationsprinzip der Natur dient die Verpackung vor allem der Pflanzenproduktion, mithin der Erhaltung und Verbreitung der jeweiligen Arten. Der Erfindungsreichtum der Lebewesen ist vielfältig und faszinierend zugleich.

Flugsamen hängen an Schwebekörpern, wie uns zum Beispiel Löwenzahn und Weidenröschen zeigen, oder werden wie Hubschrauberflügel bei Ahorn, Linde, Hainbuche und anderen Pflanzenarten fortgewirbelt.

Andere Pflanzen sind in der Lage, ihren Samen mittels Schleudervorrichtungen aus Kapseln herauszukatapultieren. Mit raffinierten Widerhaken versehene Früchte hängen sich für den Langstreckentransport an Tierfelle oder menschliche Kleidung. Alle derartigen Vorrichtungen werden durch ein Heer nachgeschalteter Verwerter abgebaut und zu Humus umgewandelt. Manche Pflanzenfrüchte wie Kirschen, Vogelbeeren, Hagebutten und andere Beerenarten sind mit einer süßen und in hellen Farben leuchtenden Hülle versehen. Sie werden von Vögeln und Säugetieren aufgenommen, verdaut, und der Samen wird schließlich – gleichsam mit einem Dünger versehen – irgendwo wieder abgesetzt.

Wie und mit welchen Materialien empfindliche Güter stoß- und klimaunanfällig verpackt werden, läßt sich von den Nüssen lernen. Für die Verarbeitung ihrer hartschaligen Umhüllung hat die Natur wiederum ein Heer von Mitspielern wie Vögel, Eichhörnchen, Mäuse und andere

Säugetiere zur Verfügung gestellt. Sie zerkleinern das für sie Unverwertbare, um es den Abbauern, also den Reduzenten, schließlich zu überlassen.

Das Arbeitsprinzip des Recyclings in der Natur ist *beschaffungsorientiert*. Für die Emissionen stehen Verwerter im Stoffkreislauf für jede Abbaustufe bereit. Dieses Ökosystem wird an der Zuflußstelle geregelt, d.h. es ist abhängig von der Anzahl der verwertbaren Produkte. Existieren viele abzubauende Stoffe, vermehren sich die Reduzenten aufgrund des guten Nahrungsangebotes reichlich. Fallen nicht genügend Produkte an, die den Reduzenten Nahrung bieten, werden entweder neue Lebensräume aufgesucht, oder die Verwerterkolonnen reduzieren ihre Nachkommenschaft. Der Abbau jedes Stoffes ist somit schon vor der Produktion gesichert.

Das Organisationsprinzip der technischen Produktion hingegen ist *herstellungsorientiert*. Der Materialbedarf wird zugeliefert und mittels Arbeit und Energie in Verbrauchsgüter umgewandelt. Die dabei entstehenden Abfälle können oftmals nicht abgebaut werden, weil anders als in der Natur keine Verwerter zur Verfügung stehen. Hier wird also erst *nach* der Produktion nach der Möglichkeit einer Verwertung gefragt.

Da es zur Zeit nicht genügend Verwerter gibt oder Abfälle aller Art von ihrer Beschaffenheit her nicht abbau- und rezirkulationsfähig sind, wandern die wertvollen Rohstoffe in die Müllverbrennung oder auf Halden. In unserem System fehlt das letzte Glied des Kreislaufprozesses.

Unerschöpflich sind die Varianten und Lernbeispiele in der Natur bei der Entwicklung und Konstruktion stabiler Gebilde aus Mehrkomponentenwerkstoffen, die trotz höchster Festigkeitseigenschaften wasserabstoßend, resistent gegen chemische Belastungen und dennoch rezirkulationsfähig sind. Das Chitin im Deckpanzer der Insekten gehört zu diesen Werkstoffen. Das Chitin ist ein stickstoffhaltiges Polysaccharid und weist Ähnlichkeiten mit der Zellulose des Holzes auf. Langkettige Moleküle finden sich durch Querverbindung zu einem Wabenwerk vernetzt. Die Festigkeit, zugleich aber auch die natürliche

Rezirkulationsfähigkeit des Chitin sind dem menschlichen Stand der Technik immer noch weit voraus.

Werden heute wirklich schon alle technischen Möglichkeiten ausgenutzt, um die vielen Anregungen der Natur für zukünftige, rezirkulierbare Werkstoffe des Menschen auszuwerten, die sich bei eingehender Betrachtung der Struktur und der Funktionen solcher tierischen Organe ergeben könnten? Hier liegt eine große und verheißungsvolle Aufgabe!

Es würde die Dimensionen diese Buches sprengen, alle Meisterstücke der Natur anzuführen. Eines aber sei hier noch stellvertretend genannt. Eine biologische Meisterkonstruktion sind die Brennhaare und der Gewebesockel an der Brennessel Urtica dioica. Die Spitze dieses Haares, mit dem wir schon häufig unangenehme Bekanntschaft gemacht haben, besteht aus einer mit ätzender Brennflüssigkeit prall gefüllten dünnwandigen Basis. Damit die Brennflüssigkeit nicht in die Haltezellen eindringt, ist die Zellwand durch Einlagerung von Kalk und Kieselsäure stabil, glasartig und undurchlässig geworden. Die Abwasserbetonrohre unter den Großstädten zeigen zum Teil gravierende Schäden, und stellenweise dringt die giftige Brühe bereits in das Grundwasser ein. Wir brauchen in Zukunft neue Systeme von Bestand – auch hier ist Lernen von der Natur gefragt.

Die Zusammenfügung von Biologie und Technik nennt man Bionics. Bei der Bereitschaft, von der Natur zu lernen und das Erkannte auf unsere industriellen Verhältnisse zu übertragen, steht die Natur als Lehrmeisterin zur Verfügung. Dazu zählt nicht nur die ökonomische Ausnutzung der vorhandenen Rohstoffe und Energiequellen sowie das Recycling, sondern auch die Abwasserklärung und die Luftreinigung.

Auch die Anordnung der Baumaterialien in bestimmten Leichtbaukonstruktionen (Sandwich-Bauweise) oder die raffinierten Stütz- und Trägerkonstruktionen in Pflanzenstengeln zeigen uns, wie man durch diese Bauweisen Material einsparen kann und dennoch Zug- und Druckfestigkeit bei hoher Stabilität sicherzustellen vermag. Überall begegnet man dem Prinzip der Materialeinsparung, wo keine großen oder nur geringe Belastungen zu erwarten sind, und der Konzentration dort, wo Dehnungs- und Stauchungsempfindlichkeit ausgeglichen werden müssen. Im Grunde genommen ist dieses Prinzip allen biologischen Konstruktionen eigen.

Dieser kurze Ausflug in die Produktionsstätten der Biosphäre konnte natürlich nur einen kleinen Ausschnitt dessen präsentieren, was die Natur uns an Vorbildern liefert. Selbst sämtliche der Wissenschaft bekannten Vorbilder sind sehr wahrscheinlich ebenfalls nur ein Bruchteil der Anregungen, die die Natur uns täglich bietet, die aber noch auf ihre Entdeckung warten. Es kommt nun darauf an, daß wir uns elementare physikalische Gesetze und ihre Auswirkungen bewußt machen und dementsprechend handeln, indem wir naturgemäße Prozesse und Prinzipien noch viel intensiver und entschlossener auf unser künstliches System übertragen.

Sind wir bereit und vorausschauend genug, nach weiteren Vorbildern Ausschau zu halten, von denen noch unzählige existieren und die nur entdeckt werden müssen, um uns auch in anderen Bereichen Vorbild zu sein? Die überwältigende Vielzahl von abertausenden Konstruktionen und Patenten der Natur sollte uns dazu Anreiz genug sein.

1.5 Vom Umweltverbrauch zum Haushalten

Keine Wirtschaftsordnung ist für alle Ewigkeit gezimmert – der ökologische und ökonomische Zusammenbruch des sozialistischen Wirtschaftssystems beweist uns das in aller Deutlichkeit. Es wäre demnach grundfalsch, aus dem Zusammenbruch planwirtschaftlicher Strukturen eine alle Entwicklungen überdauernde Universalität der Marktwirtschaft abzuleiten. Vielmehr stehen auch in unserer Wirtschaftsordnung einschneidende, möglicherweise schmerzhafte Strukturreformen auf dem Plan, wenn wir die Erde nicht immer schneller in eine planetarische Wüste verwandeln wollen. Dem marktwirtschaftlichen System immanente Mechanismen wie hemmungsloses Wachstum, die rigorose Ausbeutung der knappen Rohstoffreserven oder die Konzentration wirtschaftlicher Macht in den Händen von Multis werden in dieser Form nicht weiterexistieren können.

Wir haben im Abschnitt 1.3 gesehen, wie sträflich wir anerkannte physikalische und biologische Gesetzmäßigkeiten mißachten. Nach wie vor ist die Natur ein öffentliches Gut, und das ist ihr großer Nachteil. Kein Mensch würde auf die Idee kommen, seine Abwässer in sein eigenes Schwimmbad laufen zu lassen oder seine Autoabgase in die eigene Wohnung zu leiten. Nichts anderes tun wir mit der Natur: wir vergiften unseren Lebensraum, den wir zum Überleben brauchen. Der Atem, den Sie, lieber Leser, im Moment mit vielen anderen teilen, wird permanent – jeden Tag, jede Stunde, jede Minute – mit Giftstoffen angereichert, die eben dieses Atmen immer weiter erschweren. Die Vorstellung einer Zeit, in der Smog nicht die Ausnahme, sondern die Regel ist, ist keinesfalls utopisch, sondern wird immer realistischer. In Städten wie Athen oder Los Angeles, die ungünstige klimatische Bedingungen haben, ist diese Zukunftsvision bereits heute traurige Realität.

Wir müssen die Mechanismen der Natur übernehmen und kopieren, die ihr seit Milliarden Jahren eine schwungvolle Entwicklung ohne Abfall, Verschmutzung und Ressourcenverbrauch ermöglicht haben.

Im Abschnitt 1.4 haben wir dargelegt, daß die industriellen Produktionen Material- und Energiesysteme sind, die aus aufgenommenem Material (Input) durch die Einbringung von Arbeit und Energie einen Output herstellen, der einen bestimmten Zweck erfüllen soll. Das gesamte Beziehungsgefüge unserer Industriegesellschaft ist durch dieses Netz von Input-Outputsystemen gekennzeichnet, die sich in den Gewinnungs-, Produktions- und Verwendungsprozessen wiederfinden. Die dadurch entstehenden Probleme wie die Umwandlung von höherwertiger in minderwertige Energie, die Umwandlung von Materie aus konzentrierten in zerstreute Formen zeugt von der Mißachtung anerkannter naturwissenschaftlicher Gesetze durch das Management.

Unser künstliches System kann auf Dauer nur überleben, wenn es sich dem natürlichen weitestgehend angleicht. Rezirkulation, Vermeidung eines ungehemmten Anwachsens von Entropie, die Schaffung kleiner wirtschaftlicher Einheiten sind demnach das Gebot der Stunde. Daß hierfür eine konsequente Überarbeitung marktwirtschaftlicher Strukturen unerläßlich ist, liegt auf der Hand.

Die Konsequenz kann nur lauten: Vermeidung einer ungebremsten Zunahme von Entropie, Schonung der Ressourcen durch möglichst perfekte Rezirkulation. Dies alles aber ist mit unserer heutigen Wirtschaftsphilosphie, die auf ungezügeltem Wachstum und damit auf weiterem Ressourcenverbrauch, höherem Energieverbrauch und einer anhaltenden Steigerung von Entropie basiert, nicht machbar.

Die Natur hat deswegen Milliarden Jahre funktioniert, weil sie das Prinzip der Wiederverwertung nutzt. Ständig befinden sich 200 Milliarden Tonnen Biomasse im Kreislauf der Natur. Das Material wird umgeformt und immer wieder neu eingebaut. Wir müssen ebenfalls zu solchen Verfahrensweisen gelangen. Das Recycling etwa von Glas und Altpapier ist in dieser Hinsicht sicherlich ein Schritt in die richtige Richtung, reicht aber vom Umfang her noch lange nicht aus.

Jeder Unternehmer muß über den Kreislauf der von ihm verwendeten und produzierten Stoffe nachdenken – möglicherweise mit der Konsequenz, auf sie zu verzichten oder sie zu ersetzen.

Wenn die Konkurrenz Produkte vermarktet, die rezirkulierbar sind, wird ein Unternehmen mit widernatürlichen Produktionsweisen, die es außerhalb des natürlichen Systems stellen, aus dem Markt ausscheiden. Das ist eine ganz einfache und logische Schlußfolgerung.

Das Ausscheiden wird noch dadurch forciert, daß Unternehmen, deren eingesetzte Stoffe und ausgebrachte Produkte rezirkulierbar sind, einen eindeutigen Preisvorteil haben. Zumal dann, wenn flankierende Maßnahmen, um die wir in Zukunft sicher nicht herumkommen, diesen Prozeß noch beschleunigen.

Die Konsequenzen, die sowohl die Gesellschaft als auch die Unternehmen anhand des Vorbildes der Natur jetzt ziehen müssen, lassen sich auf folgende zentrale Punkte konzentrieren:

– Konsequente Einführung eines Zirkulationsprinzips bzw. Verzicht auf Produktion, wenn dies nicht möglich sein sollte.

– Vermeidung der ungebremsten Zunahme von Entropie durch sparsamsten Umgang mit Energie und Rohstoffen unter Einsatz von natürlichen und unerschöpflichen Energiequellen (Sonnenenergie).

Wenn wir diese beiden zentralen Forderungen als einzig möglichen Weg akzeptieren, dann haben wir noch alle Chancen, ungeachtet bereits jetzt zu erkennender schwerwiegender Umweltprobleme die Wende zu schaffen.

1.6 Der Preis der Natur

Die Natur als öffentliches Gut wird in Zukunft ihren Preis haben. Die Produktion von Abgasen und Abwässern, das Verbrauchen von Ressourcen, das Verwenden von Energie wird immer mehr kosten. Vieles spricht dafür, daß sich auch die Bemessungsgrundlagen ändern werden: nicht der, welcher viel, sondern der, welcher wenig Energie verbraucht, wird zukünftig finanziell entlastet werden. „Mengenrabatte", wie sie heute noch üblich sind, wird es nicht mehr geben. Wer bereits heute alles daransetzt, Ressourcen einzusparen und Emissionen zu vermeiden, wird der Konkurrenz in einigen Jahren nicht zuletzt aufgrund des Preisvorteils um Längen voraus sein.

Praktizierter Umweltschutz ist kein Hemmschuh für die wirtschaftliche Entwicklung eines Unternehmens oder einer Gesellschaft. Im Gegenteil: Das Streben nach umweltfreundlichen Verfahren erweist sich immer wieder als Innovationschub und als Startschuß für die wirtschaftlichen Chancen der Zukunft.

Dies um so mehr, wenn Investitionen in umweltschützende Maßnahmen nicht aufgrund gesetzlicher Vorgaben, sondern freiwillig erfolgen. Aus Gründen eines absehbaren Kostenvorteils sind Investitionen in den Umweltschutz Investitionen in die unternehmerische Zukunft. Schließlich hat es sich seit jeher und in allen unternehmerischen Bereichen als vorteilhaft erwiesen, Entwicklungen mitzugestalten, anstatt ihnen hinterherzulaufen.

Offensives und intelligentes Unternehmertum bedeutet demzufolge, nicht abzuwarten, bis man gezwungen wird zu handeln, sondern seiner Zeit voraus zu sein. Die Bedeutung der Natur als öffentliches Gut wird ohne Frage steigen. Da aber dieses Gut immer knapper, immer wertvoller werden wird, werden auch die Kosten steigen, um die Erhaltung finanzieren zu können.

Umweltschutz bringt zweifellos Kosten mit sich — Kosten, die der einzelne, das Unternehmen und die gesamte Gesellschaft zu tragen haben.

Für das Unternehmen wird es in Zukunft entscheidend darauf ankommen, die Investitionen, die das öffentliche Gut Umwelt von seiner Seite fordert, in einen meßbaren Innovationschub und damit in einen Unternehmenserfolg umzusetzen. Noch einmal sei gesagt: es wäre blauäugig zu hoffen, daß der Kelch eines finanziellen Engagements zugunsten der Natur an den Unternehmern vorbeigehen wird. Die Erhaltung der Natur hat ihren Preis — nicht zuletzt die Unternehmer werden an der Finanzierung entscheidend beteiligt sein.

1.7 Umweltschutz und Umwelterziehung

Das ganze Ausmaß lebensfeindlicher Verflechtungen heutiger Wachstumswirtschaften zeigt sich in unserem sorglosen Umgang mit Pflanzen und Tierarten, den kostbarsten Gütern der Erde. Es wird noch nicht genügend verstanden, daß unsere Umwelt aus Systemen aufgebaut ist, deren verschiedene Arten von Lebewesen in gesetzmäßiger Beziehung zueinander stehen. Es gibt viele Beispiele von Mißachtung der Funktionsweisen und Strukturen biologischer Systeme — einige haben wir bereits kennengelernt, weitere werden im Verlauf dieses Buches noch folgen. Diese Beispiele verweisen uns nicht nur auf eine längst überfällige Neuorientierung der technischen Zivilisation, sondern ebenso auf die Vordringlichkeit der Einbeziehung ökologischer Wissensbestände in bildungsrelevante Lerninhalte.

Umwelterziehung muß einen herausragenden Stellenwert als Beitrag einer zukünftigen Umweltpolitik einnehmen. Dazu ist eine vollständige Durchdringung aller Bildungsbereiche im Sinne einer Umwelterziehung erforderlich, die planetarisches Denken entwickelt. Nur wenn es gelingt, die Bedeutung der Ökologie im Bildungswesen hinreichend zu repräsentieren, werden wir in der Lage sein, die anstehenden Umweltprobleme zu lösen. Auch hier gilt: zunächst wandeln sich Bewußtsein und Wissensstand, dann erst folgen meßbare Resultate.

Der Weg zur Minimierung von Ressourcen und Energieverschwendung sowie zur Verhinderung einer weiteren skrupellosen Zerstörung unseres Lebensraums führt nur über die Umwelterziehung. Um einen breiten Prozeß des Wandels unternehmerischer Wertvorstellungen in Gang zu bringen, der sich an den zahlreichen miteinander verknüpften Funktionen der Natur orientiert, müssen Kenntnisse über ökologische Ursachen und Beziehungsgefüge vermittelt werden. Denn die Defizite sind nicht zu übersehen:

Bislang haben sich in der Wirtschaft noch keine wirksamen Wertorientierungen durchgesetzt, die grundsätzlich auf Verzicht oder Selbstbeschränkung, mithin auf umweltverträgliches Unternehmerverhalten ausgerichtet sind.

In dieser Beziehung bleibt für die Zukunft viel zu tun. Immer deutlicher muß daher die Forderung einer ökologischen Schulung werden, die weit über das bislang bekannte Maß, aber auch über die bislang bevorzugten Zielgruppen wie Schüler und Studenten hinausgeht. Erst wenn sich Ansichten in den Köpfen von Menschen ändern, die an den Schaltstellen politischer und wirtschaftlicher Macht sitzen, wird es möglich sein, den Weg zu einem ökologischen Umbau der Wirtschafts- und Gesellschaftsordnung zu beschreiten.

1.8 Vier grundsätzliche Strategien

Wo es uns gelungen ist, die Natur zu entschlüsseln, stehen wir staunend vor deren Lösungen. Dennoch bleibt für die Zukunft noch viel zu tun: wenn es uns auch gelingt, Menschen auf den Mond zu schießen, so haben wir andererseits erst einen Bruchteil dessen erforscht, was für die

Lösung unserer Umweltprobleme einen wesentlich direkteren Bezug hätte. Die Ozeane, die drei Viertel der Oberfläche unseres Planeten bedecken und der Ursprung allen Lebens sind, sind in weiten Teilen noch unerforscht. In vielen Projekten rund um den Erdball sind Legionen von Forschern damit beschäftigt, auch die letzten genetischen Bausteine des Lebens zu isolieren – die Herstellung einer perfekten Verpackung ist noch niemandem gelungen.

Im Abschnitt 1.3 ist offensichtlich geworden, daß der aus dem zweiten Hauptsatz der Thermodynamik hervorgehende Verfügbarkeitsverlust von Energie und Materie nach deren Umwandlung in einem industriellen Produktionsprozeß vom Management noch nicht in aller Konsequenz begriffen worden ist. Es kommt darauf an, den Entscheidungsträgern in Politik und Wirtschaft diesen Sachverhalt eindringlich zu verdeutlichen. Darüber hinaus müssen Strategien entwickelt werden, die dieser Steigerung der Entropie entgegenwirken.

Vier grundsätzliche Strategien sollten von der Wissenschaft, aber auch vom Unternehmen verfolgt werden, um nach dem Vorbild der Natur die dringlichsten Umweltprobleme zu lösen:

- Energie: Die Ersetzung des Gebrauchs von fossilen Brennstoffen durch die Entschlüsselung und Nutzbarmachung der Photosynthese
- Verpackung: Die Nachahmung des Chitinpanzers der Insekten, der stabil, chemisch unempfindlich und abbaubar ist
- Abwässer: Wasserreinigung durch Optimierung von Filtern und den Einsatz von Kleinstlebewesen
- Luftreinigung: weitestgehende Nachahmung der Filterfunktion der Bäume bzw. der Fähigkeit, Kohlendioxid in Sauerstoff umzuwandeln

Diese oben genannten Bereiche betreffen zentrale Defizite unserer auf Verbrauch von Ressourcen und Zerstörung der Lebensgrundlagen ausgerichteten Wirtschaftsordnung. Bei der Entschlüsselung und Nutzbarmachung dieser Mechanismen wären unsere Umweltprobleme nicht alle auf einen Schlag gelöst. Wir hätten aber einen entscheidenden Beitrag zur Verminderung der Entropie geleistet und damit wertvolle Zeit gewonnen, um auch die übrigen Umweltprobleme nach ähnlichen Vorgaben anzugehen.

Die Sanierung der Umwelt und die Umstrukturierung der Wirtschaft geht nicht von heute auf morgen. Aber sie muß jetzt durch zielstrebige Strategien in Angriff genommen werden. Der Vorbilder, die nur auf ihre Entdeckung warten, gibt es viele – gezögert haben wir schon viel zu lange.

2. Umweltbewußtsein und Unternehmens-Image

2.1 Das falsche Image der Natur

Weshalb ist es uns Menschen nicht gelungen, diese Superfabrik Natur zu kopieren und problemlos glücklich zu werden? Die Begriffe Natur oder Umwelt sind seit langem manipuliert worden. Unsere Vorstellung von Natur und Umwelt deckt sich nicht mit der Wirklichkeit. Für uns existiert die Welt und alle Begriffe, die wir sehen, erleben, fühlen oder riechen, nur in unseren Köpfen. Giraffen, Katzen und Regenwürmer haben ein völlig anderes Bild von dieser Welt, und wer wollte sich schon anmaßen zu behaupten, daß unseres das richtige ist? Unser „Weltbild" ist eben nur für uns Menschen gültig und richtig. Dieses Abbild der Realität nennen wir Image. Es dient den Menschen als wesentliches Orientierungssystem, um sich in dieser Welt überhaupt zurechtzufinden.

Image macht aus den Dingen erst das, als was sie uns erscheinen: schön, häßlich, wertvoll oder nutzlos. Gefährlich dabei ist, daß dieses Bild in den Köpfen der Menschen als Grundlage für Verhaltensweisen dient, die ökologische Vorgänge betreffen. Hier kann ein falsches Image fatale Folgen haben. Wenn Image der Kompaß unseres Handelns ist, müssen wir versuchen, den Kurs der Natur so zu begreifen, wie er tatsächlich ist, und eben nicht so, wie wir (fälschlich) meinen. Die legendäre Rede des Duwamish-Häuptlings Seattle aus dem Jahr 1855 macht das begreiflich:

„Wir wissen, daß der weiße Mann unsere Art nicht versteht. Ein Teil des Landes ist ihm gleich jedem anderen, denn er ist ein Fremder, der kommt in der Nacht und nimmt von der Erde, was immer er braucht. Die Erde ist sein Bruder nicht, sondern Feind, und wenn er sie erobert hat, schreitet er weiter. Er läßt die Gräber seiner Väter zurück – und kümmert sich nicht. Er stiehlt die Erde von seinen Kindern – und kümmert sich nicht. Seiner Väter Gräber und seiner Kinder Geburtsrecht sind vergessen. Er behandelt seine Mutter, die Erde, und seinen Bruder, den Himmel, wie Dinge zum Kaufen und Plündern, zum Verkaufen wie Schafe oder glänzende Perlen. Sein Hunger wird die Erde verschlingen und nichts zurücklassen als eine Wüste...

Auch die Weißen werden vergehen, eher vielleicht als alle anderen Stämme. Fahret fort, Euer Bett zu verseuchen, und eines Nachts werdet Ihr im eigenen Abfall ersticken. Aber in eurem Untergang werdet Ihr hell strahlen – angefeuert von der Stärke des Gottes, der Euch in dieses Land brachte – und Euch bestimmte, über dieses Land und den roten Mann zu herrschen. Diese Bestimmung ist uns ein Rätsel.

Wenn die Büffel alle geschlachtet sind – die wilden Pferde gezähmt – die heimlichen Winkel des Waldes, schwer vom Geruch vieler Menschen – und der Anblick reifer Hügel geschändet von redenden Drähten – wo ist das Dickicht – fort, wo der Adler – fort, und was bedeutet es, Lebewohl zu sagen dem schnellen Pony und der Jagd: Das Ende des Lebens – und der Beginn des Überlebens."

1855 machte der 14. Präsident der USA, Franklin Pierce, dem Indianer-Stamm der Duwamish das Angebot, ihr Land weißen Siedlern zu verkaufen; sie selbst sollten in ein Reservat ziehen. Den Indianern war klar, daß hinter diesem Angebot die Drohung stand, sich bei Ablehunung das Land mit Gewalt zu holen. Häuptling Seattle wußte, daß dem dezimierten Stamm keine andere Wahl blieb, als das Angebot von Franklin Pierce anzunehmen. In seiner Antwort an den Präsidenten, die uns wegen der großen Weisheit und der ungebrochenen Aktualität bis heute erhalten ist, beschwor Häuptling Seattle, dessen Volk sich wie alle Indianer als Teil der Natur verstand, den weißen Mann, die Folgen seines Raubbaues an der Natur zu erkennen. „Meine Worte sind wie Sterne", sagte der Häuptling, „sie gehen nicht unter".

Sein Volk hat nicht überlebt, weil seine Worte nicht verstanden wurden. Verstehen wir sie heute?

Über Jahrhunderte galten die Natur und die Umwelt nichts. Sie waren beliebig benutzbar, beliebig verschmutzbar und standen jedermann zur Verfügung. Der angeblich so hoch zivilisierte weiße Mann hat es innerhalb von 200 Jahren fast vollbracht, seine eigene Lebensgrundlage zu zerstören. Seine maßlose Arroganz gipfelte in der Ausrottung ganzer Völker, die im Frieden mit der Natur lebten und daher dem Raubbau des weißen Mannes im Wege standen.

Die Indianer konnten der Aggression auf Dauer nicht widerstehen. Die Grundlage ihres Lebens war die Harmonie mit der Natur, nicht deren Unterwerfung. Sie nahmen von der Natur, was sie zum Leben brauchten; kein Indianer wäre auf die Idee gekommen, zehn Büffel zu schießen, wenn auch fünf das Überleben des Stammes gesichert hätten. Die Jagd zum Spaß: eine Erfindung des weißen Mannes.

Dennoch sehen wir, die wir uns meilenweit von den Grundlagen der Natur entfernt haben, die Naturvölker noch heute als „Primitive". Während die letzten verbliebenen Naturvölker mit Pfeil und Bogen jagen, Ackerbau und Viehzucht betreiben, um die elementaren Grundbedürfnisse an Nahrung zu befriedigen, kippen wir Tonnen von Chemikalien auf unsere Felder und mästen unsere Rinder, um riesige Überschüsse anzuhäufen. Ist das eine zivilisierte Art, mit den Ressourcen der Natur umzugehen? Im Gegenteil: Die Naturvölker sind die wirklich Fortschrittlichen, die wahrhaft Intelligenten. Sie haben begriffen, daß sie ein Teil der Natur sind und mit ihr kooperieren müssen.

Wir haben Umweltprobleme, weil wir die Natur falsch definiert haben. Naturvölker sind keine Wilden, nur weil sie keine Raketen bauen. Eher sind wir die Wilden, weil wir zerstören, was wir zum Leben brauchen.

Seit jeher hat der Mensch den Dingen eine Wertigkeit gegeben, ohne die tatsächliche Bedeutung im Gesamtkonzept erkannt zu haben. So haben wir den Dingen ein Image verpaßt, das sehr oft nicht mit der Realität übereinstimmt. Wir und unsere Vorfahren haben die Dinge ihrem vermeintlichen Nutzen nach in gut und böse, in schädlich oder unschädlich eingeteilt.

Die Silbe „Un" in der deutschen Sprache ist ein hervorragendes Beispiel für die vorweggenommene Disqualifizierung bestimmter Lebensformen. Ein Mensch wird durch das Vorstellen der Silbe „Un" zur Bestie, Recht wird zur Willkür, zum Unrecht, und eine ganz normale

Handlung wird zur Untat, mithin zum scheußlichen Verbrechen. Ebenso sehen wir die Natur: Nicht jedes Insekt sieht so possierlich aus wie der Marienkäfer — also Ungeziefer. Ob eine Pflanze gut oder schlecht ist, entscheidet der Mensch: scheint sie ihm nicht zu nutzen, ist sie Unkraut.

Der „zivilisierte" Mensch ist nicht mehr in der Lage, die Natur so zusammenhängend und miteinander vernetzt zu sehen, wie sie in Wirklichkeit ist. Wie alles andere, so teilt er auch die Natur nach Nutzen oder Unnutzen ein, ohne zu bedenken, daß alle Lebensformen wichtige Funktionen erfüllen.

Der Mensch legt sich die Welt und so auch die Natur nach seinem Gusto zurecht. Was immer ihm nützlich oder auch nur niedlich erscheint, wird akzeptiert, der Rest erbittert bekämpft. Es ist das Bild einer Spezies, die zu einem großen Teil jeden Kontakt und jedes Gespür für die Natur und für natürliche Vorgänge verloren hat. Der Mensch maßt sich an, sechs Milliarden Jahre alte Mechanismen und Strukturen des unteilbaren Gesamtkomplexes Natur seinen subjektiven und äußerst kurzfristigen Bedürfnissen zu unterwerfen.

Die Wirklichkeit wird nicht als solche verstanden. Zu groß ist bereits die Kluft zwischen Mensch und Natur, als daß wir unsere Probleme ohne rigoroses Umdenken lösen könnten. Wir müssen lernen, die Wirklichkeit wieder als Wirklichkeit zu akzeptieren. Erst wenn wir erkennen, daß die Spinne genauso nützlich ist wie der Marienkäfer, die Ratte genauso intelligent wie der Delphin, die Brennessel genauso wichtig wie der Hafer, können wir beginnen, die Natur zu begreifen und von ihr zu lernen. Das Schöne gehört ebenso zur Natur wie das (in unseren Augen) Häßliche. Wir müssen aufhören, diese Welt mit künstlichen Klassifikationen zu manipulieren.

Aus diesem falschen Image der Natur resultieren unsere Umweltprobleme. Wir waren nicht in der Lage, die wahre Bedeutung der Dinge zu erkennen. Nur wenn es uns in Zukunft gelingt, die Wertigkeiten in der Natur neu zu definieren, werden wir die Umweltkrise meistern.

In der Realität der Natur ist beispielsweise ein Liter Wasser viel mehr wert als ein Kilo Gold: jeder Liter enthält Millionen von Kleinstlebewesen, die das Wasser reinigen und für den weiteren Gebrauch innerhalb des Natur-Kreislaufes aufbereiten. Wasser ist Leben. Ein Kilo Gold dagegen ist in der Natur wertlos. Erst der Mensch hat diesem toten Metall einen Wert zugeschrieben, der den des höchst lebendigen Liter Wassers weit übertrifft. Diese Wertigkeit von Gold und Wasser ist ein Relikt des alten Denkens, eines Denkens, das uns schnurgerade in den ökologischen Ruin führt.

Das Bild von der Natur haben wir uns selbst geschaffen. Nicht die Natur haben wir betrachtet, sondern das, was wir für Natur hielten. Ebenso sind wir mit der Bedeutung einzelner Mechanismen und Phänomene verfahren: wir haben nicht gefragt, wie nützlich diese Dinge für *die Natur* sind, sondern wie nützlich diese Dinge für *uns* sind. Mit diesen Klischees haben wir die Natur immer perfekter verfälscht und unserem Wunschbild angeglichen.

Sie sind dennoch der Meinung, daß sich Ihre Vorstellungen mit der wirklichen Wirklichkeit decken? Dann soll Ihnen demonstriert werden, wie leicht Sie irren können.

Lösen Sie bitte die folgende, ganz einfache Aufgabe: „Teilen Sie ein Viereck durch einen geraden Strich in drei Dreiecke."

Wir haben für Sie nachfolgend den Platz reserviert, auf dem Sie die Aufgabenstellung nun sicherlich innerhalb weniger Sekunden lösen werden.

Haben Sie ein Rechteck oder ein Quadrat gezeichnet und festgestellt, daß die Aufgabe nicht lösbar ist? Das ist sie auch nicht, jedenfalls nicht mit einem Viereck in Form eines Rechteckes oder Quadrates. Die Aufgabenstellung hieß aber Viereck, nicht Rechteck oder Quadrat. Ein Viereck kann zigfache mögliche Formen haben, die man sehr leicht erkennt, wenn man sich davon löst, daß jede Ecke einen rechten Winkel haben muß. Zeichnen Sie beispielsweise einmal ein Dreieck, Spitze oben, und zwischen den beiden unteren Punkten einen weiteren, etwas oberhalb zwischen diesen beiden Punkten. Dann erhalten Sie ein Viereck, das sich problemlos durch eine (horizontale) Linie in drei Dreiecke teilen läßt. Unter der Linie entstehen zwei kleine Dreiecke, oben ein großes.

Das Experiment zeigt, daß Denken nur mit Hilfe von Images, also abgespeicherten Vorstellungsbildern, funktioniert. Diese „selbstgemachte" Wirklichkeit bestimmt unser Denken und Handeln. Dabei ist es gleichgültig, ob diese Images der Realität entsprechen oder nicht. So denken wir mit den Vorstellungen und den Instrumenten der Vergangenheit über Gegenwart und Zukunft ...

Deswegen hat die Umweltproblematik katastrophenhafte Züge angenommen: Der seit der Industrialisierung entstandene Konflikt zwischen Umwelt und Wirtschaft paßte nicht in unser Bewußtsein. Wir waren es gewohnt, Natur als eine Sache zu betrachten, der man sich – „macht euch die Erde untertan" – ohne Vorbehalte bemächtigen konnte. Und erst seit kurzer Zeit dämmert uns, daß unser Image von der Natur grundfalsch ist.

Image aber ist keine unumstößliche Größe. Ebenso wie man das Image eines Unternehmens verbessern kann, so läßt sich auch das Image der Natur verändern.

Wenn das Image eines Unternehmens nicht so ist, wie man es gerne hätte, dann besteht Handlungsbedarf. Wenn das Image der Natur offenbar nicht der Realität entspricht, müssen wir uns bemühen, diese Diskrepanz zu beseitigen. „Image follows reality"; wer sein Image verändern will, muß zunächst die Realität beeinflussen. Veränderungen aber beginnen nicht von selbst – sie beginnen in unseren Köpfen.

Dieses Buch hilft Ihnen, die Natur neu zu verstehen. Es zeigt Ihnen, wie die Natur seit Milliarden Jahren wirtschaftet, ohne auch nur einen einzigen Abfallhaufen produziert, ohne eine Ressource verbraucht zu haben. Die Natur hatte bislang das falsche Image, um als unser Lehrmeister anerkannt zu werden.

Sehen wir also die phantastische Welt dieser ungeheuren Superfabrik aus einer neuen Perspektive. Scheuen wir uns nicht davor, von der Natur zu lernen. Begreifen wir die Chancen, die für jeden von uns im Wertewandel des Begriffs Natur liegen.

2.2 Die Wende ist notwendig

Für jeden Manager, der sich der Verantwortung sowohl gegenüber der Natur als auch seinem Unternehmen bewußt ist, kann es keine andere Wahl als eine strikte und entschlossene Neuorientierung geben. Viel zu lange haben die Führungsetagen an wirtschaftlichen Maximen festgehalten, die heute den ökologischen Kollaps provozieren und in Zukunft den Unternehmenserfolg gefährden. Dennoch wollen wir Panikmachern und Aussteigern nicht nach dem Munde reden, im Gegenteil: Wir wollen ihnen Konkurrenz machen, indem wir behaupten, daß die Wirtschaft mit großem Erfolg weiterarbeiten kann, wenn sie jetzt wahrhaft unternehmerische Entscheidungen trifft.

Unser Denken von Allmacht ist der Ursprung einer lebensverachtenden Wachstumsideologie. Wir mißachten sträflich die bereits deutlich zutage tretenden Störungen in unserem Lebensraum, weil nicht sein kann, was nicht sein darf. Unsere auf Wachstum und Expansion ausgelegte Wirtschaftsordnung kann Störungen nicht gebrauchen.

Bislang waren Maßnahmen für den Umweltschutz immer mehr oder weniger Reparaturen: es wird notdürftig und mit enormem Aufwand geflickt, was zuvor übelst beschädigt oder gar zerstört wurde. Wir doktern erfolglos an den Symptomen herum, ohne die Ursachen zu bekämpfen. Es leuchtet ein, daß dieses geradezu groteske Verständnis von Umweltschutz die Kosten explodieren läßt. Schließlich läßt auch ein Autofahrer sein Fahrzeug nicht jahrelang verrosten, um es dann wieder mühsam generalüberholen zu lassen. Er wird vielmehr bemüht sein, spätere kostspielige Reparaturen durch Pflege und Vorbeugung zu vermeiden.

Wie aber sieht es in weiten Teilen des heutigen Wirtschaftsprozesses aus? Millionen Hektoliter Wasser werden zunächst verschmutzt und anschließend mit immensem Aufwand geklärt; größtenteils überflüssige Abfallberge werden produziert, die anschließend verbrannt oder deponiert werden müssen.

Unsere Gesellschaft verschwendet einen beträchtlichen Teil ihrer Zeit und ihres Kapitals darauf, Umweltprobleme zunächst zu schaffen und anschließend zu kaschieren, wobei die Qualität des Urzustandes nie wieder erreicht wird.

Der Homo sapiens hat es geschafft, innerhalb weniger Jahrzehnte der Industrialisierung seine natürlichen Grundlagen nachhaltig zu gefährden. Je rasanter die technische und wirtschaftliche Entwicklung, desto größer die Entfernung von der Natur. Eine Beibehaltung der bisherigen Wirtschaftsstruktur wird in die Katastrophe führen.

Es ist noch nicht zu spät, sich für eine grundlegende Wende zu entscheiden. Allerdings: sehr viel Zeit bleibt auch nicht mehr, sollte sich nicht schon bald die Prophezeiung des Häuptlings Seattle erfüllen: „Der Hunger des weißen Mannes wird die Erde verschlingen und nichts zurücklassen als eine Wüste."

2.3 Wer morgen überleben will, muß heute handeln

Gibt es Unternehmenserfolge ohne ein gutes Image? 88 Prozent aller Marktführer planen, ihre Aufwendungen für das Firmen-Image weiter zu steigern. Mit wieviel Unwägbarkeiten dieser Prozeß auch immer behaftet sein mag, sicher ist, daß ein Image immer einen realen Bezug hat. Von einem miserablen Image kommt nichts — schon gar nicht der gewünschte Markterfolg. Aber die Zusammensetzung des Unternehmens-Images ist Veränderungen unterworfen. Waren früher Komponenten wie Kompetenz, Kundenservice und Zuverlässigkeit ausschlaggebende Image-Kriterien, so werden in Zukunft neue Bewertungsgrundlagen die klassischen Komponenten teilweise ersetzen. In einer Zeit der ökologischer Sensibilisierung der Bevölkerung wird dem Image-Faktor Umwelt eine überragende Bedeutung zukommen. Wir wagen die These, daß Unternehmen mit einem schlechten Umwelt-Image in spätestens zehn Jahren nicht mehr konkurrenzfähig sein werden.

Wenn Image das Abbild der Realität ist, dann kann dieses Abbild nur verändert werden, wenn sich auch das Vorbild, also die Realität, wandelt. Für uns alle ist es deshalb wesentlich, uns von bisher gültigen Mechanismen zu verabschieden. Jeder der glaubt, an naturfeindlichen Strukturen festhalten zu können, wird in Zukunft keine Chance mehr besitzen. Er wird der Verlierer von morgen sein, wenn er sich nicht heute für das natürlichste Erfolgskonzept aller Zeiten entscheidet: die Superfabrik Natur.

Wer aus seinem gegenwärtigen Erfolg heraus nur den Quartalsabschluß im Visier hat, ist dem alternativen ökologieorientierten Denken nicht zugänglich. Der Blick in die Zukunft bleibt ihm verstellt. Wenn plötzlicher gesellschaftlicher, politischer oder ökonomischer Wandel zum Umdenken zwingt, ist es oft schon zu spät. Dann kommt die Erkenntnis, die Zukunft in der Vergangenheit vertan zu haben.

Jeder verantwortungsbewußte Entscheider muß heute wissen, daß der Faktor Umwelt für ihn oder sein Unternehmen von so existentieller Bedeutung werden wird, daß ohne gutes Umwelt-Image kein Markterfolg mehr zu erreichen ist.

Der ökologische Erfolg wird in Zukunft den ökonomischen Erfolg bestimmen. Niemand, weder die Gesellschaft noch das Unternehmen, wird es sich in Zukunft leisten können, auf Kosten der Natur zu wirtschaften. Intelligentes Unternehmertum bedeutet demnach, ebenso wie die Natur die Fähigkeit zur Selbstbeschränkung und Selbstregulation zu erlangen. Intelligentes Unternehmertum bedeutet, weiter über den Tellerrand zu blicken als die Konkurrenten, die noch an anachronistischen Wachstumszielen festhalten.

Zugegeben: Umdenken erfordert Mut. Aber es war immer schon der Mut des Tüchtigen, der sich ausgezahlt hat.

Am Karfreitag 1989 ereignete sich das bislang schwerste Tankerunglück der Geschichte. In der Bucht von Valdez in Alaska lief die „Exxon Valdez" auf Grund. 40 000 Tonnen Rohöl flossen in ein riesiges, ökologisch intaktes Gebiet. Der ganze Umfang dieser Katastrophe, die von einem kanadischen Richter mit dem Abwurf der ersten Atombombe über Hiroshima verglichen wurde, läßt sich auch heute noch nicht ermessen. In der Folgezeit erlebte die Weltöffentlichkeit einen geradezu grotesken und zudem höchst umstrittenen Aktionismus der Exxon Corporation. In dem Vorhaben, das Geschehen ungeschehen zu machen, setzte Exxon bis zum Einbruch des arktischen Winters ständig eine Flotte von Spezialschiffen, 20 Hubschrauber sowie über 4 000 Arbeiter ein, die jeden Stein umdrehten, Tausenden von Tieren das Öl aus dem Fell und dem Gefieder wuschen und systematisch Ufer für Ufer bearbeiteten. Die Kosten für die Aufräumaktion beliefen sich auf insgesamt über 2 Milliarden Dollar. Über den ökologischen Nutzen dieser Gewalt-Aktion kann man geteilter Meinung sein; kaum aber über ihren eigentlichen Hintersinn.

Es soll an dieser Stelle nicht von der Verpflichtung gesprochen werden, die Exxon möglicherweise gegenüber der Natur empfand. Zudem wäre es in der Wirtschaftsgeschichte sicherlich ein einmaliger Vorgang gewesen, aus moralischen Erwägungen heraus eine derart immense Summe auszugeben. Exxon erkannte vielmehr sehr schnell – nicht zuletzt unter dem Druck einer empörten Weltöffentlichkeit –, daß nichts anderes übrig blieb, als die verursachten Schäden in einer monströsen Goodwill-Aktion zu beheben, verbunden mit einem gewaltigen Werbeaufwand und der Botschaft: „Seht her, wir reparieren, was wir angerichtet haben."

Der Fall Exxon ist sicherlich kein Beispiel für die Komplementarität von Natur und Wirtschaft. Aber er ist ein Beispiel für die überragende Bedeutung des Image-Faktors Umwelt. Im Gegensatz zu Exxon befinden sich die meisten Unternehmen in der vorteilhaften Lage, nicht auf Katastrophen reagieren zu müssen, sondern ihr Umwelt-Image frei von äußeren Einflüssen bilden zu können. Diesen Wettbewerbsvorteil sollte man nicht leichtfertig verschenken.

Die Lösung für die Natur, die Gesellschaft und das Unternehmen liegt in einem einfachen und plausiblen Plan: tue Gutes und rede darüber. Gutes tun heißt, dem Vorbild der Fabrik Natur zu folgen. Darüber reden heißt, diese intelligente Entscheidung in der Öffentlichkeit offensiv zu vertreten und den Lohn für den Mut zu einer neuen Wirtschafts- und damit Gesellschafts- und Unternehmensphilosophie einzuheimsen.

Das Erfüllen gesetzlicher Bestimmungen allein wird in Zukunft nicht genügen. Ein gutes Umwelt-Image und damit verbundene Marktchancen werden in der nahen Zukunft nur Unternehmen mit dem Mut zu unkonventionellen Innovationen haben.

Wem es heute gelingt, Produkte herzustellen, die keinen Abfall mehr produzieren, Verpackungen zu entwickeln, die sich in organische Bestandteile auflösen, Produktionsverfahren einzuführen, die wenige oder keine Ressourcen verbrauchen, wird der Wegbereiter einer Wirtschaftsordnung sein, die keine Verlierer mehr kennt.

Wer sich dieser ökologisch-strategischen Denkweise verweigert, wird sich zunehmend vorhalten lassen müssen, der gestellten Aufgabe nicht gewachsen zu sein. Marktführer werden auch in Zukunft Unternehmen mit hohen seismographischen Fähigkeiten und dem Vermögen sein, das neue Umwelt-Bewußtsein konsequent in Mark und Pfennig umzusetzen.

Aber wir wollen hier nicht nur vom Wirtschaften nach dem Vorbild der Natur reden. Wir wollen den Weg präzise beschreiben.

2.4 Wo steht Ihr Unternehmen heute?

Bitte, schätzen Sie sich und Ihr Unternehmen anhand einer Checkliste in verschiedenen umweltrelevanten Bereichen selbst ein. Dabei soll Ihnen bewußt werden, wie weit eine umweltorientierte Wirtschaftspolitik dem Ökosystem und Ihren Bilanzen entgegenkommt. Die ehrliche Selbsteinschätzung ist der erste und methodisch richtige Schritt zu einer Veränderung des bestehenden Bewußtseins. Seien Sie dabei bitte ehrlich zu sich selbst: Wer sich selbst etwas vormacht, dem wird man bald etwas vormachen.

In einer 1989 erschienenen Repräsentativ-Studie der Apitz Image & Strategie GmbH, Düsseldorf, mit dem Titel „Umweltbewußtsein von deutschen Nachwuchsmanagern" wurden bundesweit Studenten der Betriebswirtschaftslehre gefragt, welche Umweltskandale ihnen im Gedächtnis geblieben sind und welche Unternehmen sie damit verknüpften. Die Studie kommt zu dem Ergebnis, daß besonders solche Firmen im Gedächtnis blieben, deren Umwelt-Image ohnehin angekratzt ist, auch wenn sich gar kein wirklicher Skandal ereignet hatte. Oftmals mußten eigentlich unbescholtene Unternehmen für den miserablen Ruf der jeweiligen Branche mitbüßen.

Diese Einschätzung der Nachwuchskräfte stützt die These, daß sich das Image eines Unternehmens in Zukunft zu einem großen Teil aus dessen Umweltverständnis ableitet. Zum anderen belegt diese Umfrage eindrucksvoll, welch gänzlich falsches Image viele Unternehmen von der Bedeutung dieser Image-Komponente für den Kunden und die Verbraucher haben. Wenn das Institut Allensbach 1987 feststellte, daß 77 Prozent der Unternehmer den Umweltschutz nicht wichtig nehmen, während dieser gleichzeitig für die Bevölkerung das Thema Nummer eins ist, dann stimmt etwas nicht mit dem Bewußtsein und der Realitätsnähe der Manager.

Viele Führungskräfte haben es bis heute nicht verstanden, die Vorreiterrolle, die ihr Unternehmen besitzt, auf den Umweltbereich zu übertragen. Immer noch glauben die meisten, mit dem Erfüllen gesetzlicher Bestimmungen den Ansprüchen zu genügen.

Überprüfen Sie selbst, ob Sie bereit sind, eine Politik, in der die Natur immer als Gegner gesehen wird, in eine Politik „Pro Umwelt" zu verwandeln. Dabei geht es nicht darum, mit erhobenem Zeigefinger Defizite anzumahnen, sondern sich einer realistischen Selbsteinschätzung bewußt zu werden. Beginnen wir mit Ihrem *persönlichen* Umweltbewußtsein. Markieren Sie bitte Ihre Antworten (und verteilen Sie bei der letzten Frage Schulnoten) und addieren dann alle Ergebnisse.

Benutzen Sie	*immer*	*häufig*	*manchmal*	*nie*
FCKW-freie Treibmittel	1	2	3	4
Altglascontainer	1	2	3	4
Altpapiercontainer	1	2	3	4

Bevorzugen Sie				
umweltfreundliche Produkte	1	2	3	4
bleifreies Benzin	1	2	3	4
sparsamen Umgang mit Energie	1	2	3	4
Verzicht auf Kunststoffverpackungen	1	2	3	4

Für wie belastet halten Sie die Umwelt heute in Deutschland?

sehr belastet	1
ziemlich belastet	2
weitgehend in Ordnung	3

Wie würden Sie insgesamt Ihr persönliches Umweltverhalten einschätzen? (Schulnoten von 1 bis 6)

Wenn Sie bei diesen Fragen mehr als zwanzig Punkte erreicht haben, ist es um Ihr persönliches Umweltbewußtsein nicht gut bestellt. Sie müssen sich fragen, ob dieses Umweltbewußtsein mit den Anforderungen einer ökologisch sensibilisierten Gesellschaft noch Schritt hält und die Grundlage für eine zukunftsweisende Firmenpolitik bietet.

Denken Sie nun bitte über den Stellenwert nach, den Sie dem Umweltschutz in Ihrem Unternehmen zuweisen. Wir stellen Ihnen drei Thesen vor und bitten Sie, sich für eine zu entscheiden.

These 1: Die heutige Umwelt-Diskussion wird durch die Hysterie industriefeindlicher Kräfte bestimmt, die eindeutig politische Ziele verfolgen. Die Belastung der Umwelt wird stark übertrieben, die Folgen werden aufgebauscht. Gewisse Probleme kann man ja nicht leugnen; dennoch glaube ich, daß die Natur eine ganze Menge verträgt und alles Gerede von Ozonloch oder Treibhauseffekt überwiegend Panikmache ist. Im Spannungsfeld zwischen wirtschaftlichem Wachstum und Umweltschutz entscheide ich mich eindeutig für das wirtschaftliche Wachstum, das uns den bisherigen Wohlstand beschert hat. Im Grunde kann ich nur sagen: weiter so, denn was so lange erfolgreich war, kann nicht auf einmal falsch sein.

These 2: Natürlich ist die Natur ziemlich stark belastet, das kann man nicht leugnen. Aber wir haben in der Bundesrepublik die schärfsten Umweltgesetze der Welt und tun alles, um die Umweltverschmutzung einzudämmen. Wenn man sich unsere Nachbarn betrachtet, weiß man, wie weit wir denen voraus sind. Ich glaube also, daß unsere strengen Gesetze ausreichen, um der Umweltverschmutzung Herr zu werden. Im Spannungsfeld zwischen Wirtschaft und Umwelt entscheide ich mich für das wirtschaftliche Wachstum, weil wir ohne Wachstum nichts für den Umweltschutz tun können, das beweisen die Zustände in anderen Ländern.

These 3: Die Umwelt ist erheblich belastet. Wenn auch unsere strengen Gesetze und Verordnungen eine Linderung bewirken, haben wir dennoch eine grundsätzliche Neuorientierung noch nicht in Angriff genommen. Nach wie vor bekämpfen wir mit Grenzwerten und Höchstmengen die Symptome, ohne das Übel an der Wurzel zu packen. Mit unserer bisherigen Philosophie kommen wir nicht weiter. Wir müssen lernen, so zu produzieren wie die Biosphäre: perfekt und rückstandsfrei. Im Spannungsfeld zwischen Wirtschaft und Natur entscheide ich mich für die Natur, weil ich mich damit gleichzeitig für eine Wirtschaftsphilosophie entscheide, die mit der Natur kooperiert.

Diese drei vorgestellten Thesen decken den Großteil deutscher Meinungen über den Zustand der Natur und der Bedeutung des Umweltschutzes ab. Egal, für welche These Sie sich entschieden haben, überprüfen Sie bitte, ob sich Ihr persönliches Umweltverhalten mit Ihrer Einschätzung der Bedeutung des Umweltschutzes für Ihr Unternehmen deckt. Wenn Sie etwa immer Altglas- und Altpapier in den Container bringen, ist das lobenswert; wenn Sie hingegen im gleichen Zug für die These 1 plädieren, zeugt das von Inkonsequenz.

Falls sich Ihre Grundeinschätzungen und Ihre ökologischen Verhaltensweisen im privaten und im unternehmerischen Bereich nicht decken, denken Sie bitte darüber nach, woran das liegen könnte.

Es könnte sein, daß Sie im Kleinen bereits Einsichten gewonnen haben, von denen Sie glauben, sie nicht ins Große übertragen zu können.

Kommen wir zu einer Bewertung der drei Thesen. Wenn Sie sich für These 1 entschieden haben, werden Sie große Schwierigkeiten haben, auf dem Markt erfolgreich zu agieren. These 1 ist nicht nur nach allen Erkenntnissen seriöser Wissenschaftler falsch; in ihr findet sich zudem eine Sorglosigkeit, die sich Unternehmen nicht leisten können. Marktführer aus allen Branchen zeichnen andere Dinge aus: Weitblick, Sensibilität für unternehmerische Chancen und die Fähigkeit, diesen seismographischen Vorsprung konsequent zu nutzen.

These 2 geht von einer richtigen Einschätzung der ökologischen Situation aus. Es fehlt jedoch der Blick über den Tellerrand. Die zweite These ist immer noch in dem konventionellen Denken befangen, der gesetzlichen Pflicht zur Ausbesserung der angerichteten Schäden nachzukommen, anstatt in die ökologische Offensive zu gehen. Die an sich logische Schlußfolgerung ist noch nicht konsequent gezogen worden: Schäden vermeiden, bevor sie entstehen, weniger Geld für die Vorbeugung als viel Geld für Reparaturen ausgeben, Zukunftschancen erkennen anstatt in alten Schemata zu erstarren.

These 3 steht für agieren statt reagieren, für eine offensive Umweltpolitik mit phantastischen unternehmerischen Chancen. Je schneller Entscheider und Manager dies verstehen und umsetzen, um so besser für uns alle. Und für den Unternehmenserfolg.

Viele Weltfirmen, aber auch zahlreiche Mittelständler haben den Trend erkannt und in die Unternehmensphilosophie integriert. Die Deutsche Shell AG hat dies so formuliert: „Das Ansehen eines Unternehmens wird heute weniger danach bestimmt, ob es wirtschaftlich erfolgreich ist. Bedeutsam ist vor allem, was es zum Schutz von Mensch und Umwelt tut."

Dr. Eberhard v. Koerber, Vorstandsvorsitzender der Asean Brown Boveri AG, sagt es so: „Umweltschutz im Unternehmen ist eine ganz wesentliche Voraussetzung für Erfolg in der rapide wachsenden Umwelttechnik. Hier ist Markterfolg eng mit der eigenen Glaubwürdigkeit verknüpft; das gilt gegenüber den Kunden ebenso wie gegenüber den Mitarbeitern. Für uns bildet die umweltorientierte Unternehmensführung schon heute eine wichtige Komponente im Entscheidungsprozeß."

2.5 Was kann ich tun?

In Teilen unserer Gesellschaft wird die Notwendigkeit eines Umdenkens bereits begriffen und befürwortet, und längerfristig kann es sich kein verantwortungsbewußter Entscheider mehr leisten, die damit zusammmenhängende ökologische Chance ökonomisch ungenutzt verstreichen zu lassen. Wie aber bringe ich mein Unternehmen auf Umweltkurs?

In den letzten Abschnitten ist der Zusammenhang zwischen dem Bild des Menschen von der Natur und den daraus resultierenden Fehlleistungen dargelegt worden. Wir können diese Probleme nur mit einer Bewußtseinsänderung lösen. Diese hat bereits begonnen, muß aber gerade im Unternehmen verstärkt und intensiviert werden, um der gesellschaftlichen Entwicklung gewachsen zu sein.

Machen wir uns bei dieser Aufgabe die Natur zum Vorbild. Anhand eines eindrucksvollen Beispiels − und davon gibt es viele − soll verdeutlicht werden, wie die Natur sich mit einfachen, aber überaus erfolgreichen Mitteln den sich verändernden Umweltbedingungen anpaßt.

Gegen Ende des letzten Jahrhunderts lebte in England eine Schmetterlingsart: der Birkenspanner. Dieser Schmetterling, der von Natur aus eine weiße Farbe besaß, lebte über das Land verstreut. Der Lebensraum des Birkenspanners, der Name sagt es bereits, war die Birke, genauer gesagt deren Stamm: seine weiße Farbe war eine hervorragende Tarnung gegen seine Feinde, denn sie machte ihn beinahe unsichtbar.

In einigen besonders stark industrialisierten Gegenden waren die Birkenspanner-Populationen hingegen gefährdet: Industrieabgase und Emissionen hatten die hellen Flecken an der Baumrinde, die der Birke erst ihr charakteristisches Aussehen geben, zerstört. Die Stämme der Birken wurden dadurch schwarz gefärbt. Der Birkenspanner wurde in diesen Gebieten − seines natürlichen Schutzes beraubt − zu einer leichten Beute für seine Feinde.

Der Zufall kam ihm zu Hilfe. Eine gerade jetzt auftretende Mutation, also eine zufällige Veränderung der Erbinformation, brachte innerhalb einer Birkenspanner-Population einige schwarze Exemplare hervor. Normalerweise hätte die Natur solche Fehlentwicklungen durch den für Vögel und andere Feinde sofort zu entdeckenden Schwarzweiß-Kontrast auf normalen Birkenstämmen umgehend ausgeschaltet. Nun aber waren die mutierten Birkenspanner optimal an ihre Umgebung angepaßt und hatten ihren ursprünglichen Schutz, die Tarnung, wiedererlangt.

Die weißen Birkenspanner dagegen besaßen plötzlich einen entscheidenden, tödlichen Wettbewerbsnachteil: ihre über Generationen erprobte und erfolgreiche Tarnung war wertlos geworden, und sie hatten in den beinahe unsichtbaren schwarzen Birkenspannern einen Konkurrenten bekommen, der sich aufgrund des Wettbewerbsvorteils mühelos gegenüber den „Alteingesessenen" durchsetzen konnte. Bereits kurze Zeit später waren die weißen Birkenspanner aus den industriell belasteten Gebieten verschwunden; nur schwarze Falter lebten auf den schwarz gefärbten Birkenstämmen. Im übrigen Land hingegen, wo die

Birken noch weiß waren, war die Situation unverändert. Hier hätte ein schwarzer Mutant keine Überlebenschance gehabt.

Obwohl der Birkenspanner in beinahe allen Merkmalen der geblieben ist, der er vorher war, hat sich durch eine winzige Änderung sein *Charakter* entscheidend verändert: aus einem Lebewesen, das mit weißer Tarnung verzweifelt ums Überleben in einer sich verändernden Umwelt kämpfte, ist durch Mutation eine Kreatur entstanden, die den äußeren Bedingungen und Lebensumständen optimal angepaßt ist. Der Birkenspanner hat im wahrsten Sinne des Wortes sein Gesicht gewandelt. Davon hat er profitiert – und die Natur.

Kann man dieses in der Biologie berühmte Beispiel ohne weiteres auf die Gesellschaft oder gar auf das Unternehmen übertragen? Man kann, denn auch und gerade heutzutage wandelt sich die Umwelt, wandeln sich die Anforderungen an die Gesellschaft, ihre Unternehmen ständig. Was gestern noch „weiß" und gut war, kann morgen, obwohl immer noch „weiß", schon schlecht sein.

Listen wir hier noch einmal die entscheidenden Einflußgrößen auf, die das Überleben des schwarzen Birkenspanners ermöglichen:

- schnelles Eingehen auf veränderte Umweltbedingungen,
- relativ geringe Veränderungen mit großer Wirkung,
- Wettbewerbsvorteil gegenüber Mitbewerbern.

Das sind Attribute, die auch einem Unternehmen gut zu Gesicht stehen würden. Was spricht dagegen, auch in einem Unternehmen Mutationen auszulösen, die derart positive Effekte besäßen?

Mutationen sind *Innovationen* – Innovationen, die den Erfolg eines Lebewesens bzw. eines Unternehmens erhöhen. Denn auch Unternehmenserfolg ist letztlich nichts anderes, als an die Mechanismen des Marktes bestmöglich angepaßt zu sein und auf neue Entwicklungen und Anforderungen flexibel zu reagieren.

Manager, die sowohl ihrem Unternehmen als auch der Umwelt gegenüber verantwortungsbewußt handeln wollen, müssen begreifen, daß sie ihrem Unternehmen selbst die Farbe der Zukunft geben müssen. Sie können es sich *nicht* leisten, auf eine glückliche Fügung zu warten. Sonst wird ihr Unternehmen in Zukunft die falsche Farbe besitzen.

Jedes Unternehmen hat die Chance, die konstruktive Konsequenz aus einer Wirtschaftspolitik zu ziehen, die allzu lange auf Kosten der Natur ausgerichtet war und die nur funktionieren konnte, weil kostbare Ressourcen einem vermeintlichen Fortschritt geopfert wurden.

In Zukunft wird der Verbraucher eine wesentlich bedeutendere Rolle innerhalb der sich ändernden Rahmenbedingungen spielen. Sein Votum wird darüber entscheiden, ob ein Unternehmen bezüglich seines Umweltverhaltens akzeptiert oder abgelehnt wird. Die Akzeptanz wird sich an neuen Kriterien ausrichten: Umweltschutz statt Preisvorteil, Umwelt-Image statt Finanzkraft, ehrliches Engagement für die Umwelt statt die halbherzige Erfüllung von Gesetzen.

Die Natur braucht uns nicht. Entweder wir folgen ihr und passen uns an, oder wir folgen dem Beispiel vieler Arten, die diese Erde seit langem nicht mehr bevölkern, weil die Natur auch sie nicht gebraucht hat.

2.6 Suche nach Vorbildern

Die Neuorientierung des Unternehmensbewußtseins kann sich, wie wir im vorigen Abschnitt gesehen haben, bereits konkret am Vorbild der Natur orientieren. Wenn wir die Vorgaben umsetzen und Mutatuionen an zentralen Stellen auslösen, wird sich der Charakter des Organismus „Unternehmen" nachhaltig zu dessen Vorteil verändern. Wir wollen uns in diesem Abschnitt mit verblüffend einfachen Beispielen befassen, wie sich der Mensch im Produktionsprozeß natürliche Mechanismen zu eigen machen kann bzw. wie er dies, oft ohne es zu wissen, bereits unwillkürlich tut: Jahrtausendelang mit beachtlichem Erfolg.

Jeder Unternehmer, jeder Direktor, Abteilungsleiter, Meister, jeder Mitarbeiter wird in seinem Aufgabengebiet neue, bislang unentdeckte Alternativen entdecken, wenn er mit einem neuen Verständnis durch seinen Betrieb geht. Zwar gibt es keine universell anwendbaren Produktionsverfahren, aber universell anwendbare Mechanismen, die nur auf eine unternehmensspezifische Anpassung warten. Einige, die vor allen Dingen für die Bewußtseinsänderung eines Unternehmens als Vorbild dienen können, haben wir schon vorgestellt. Nun wollen wir uns – zur Anregung – mit verblüffend einfachen Beispielen beschäftigen, wie sich der Mensch im Produktionsprozeß die Erfolgsgeheimnisse der Natur zu eigen machen kann.

Die atemberaubende Entwicklung der Menschheit wäre nicht möglich gewesen, hätten nicht unsere Vorfahren sehr genau die Vorgänge in der Natur registriert und versucht, sie zur Erfüllung ihrer eigenen Bedürfnisse zu nutzen.

Die Ernährung steht dabei bis heute im Vordergrund. Ackerbau und Viehzucht bieten dem Menschen seit Tausenden von Jahren die Chance, ohne Jagd seine Ernährung zu sichern. Mit der Fähigkeit, Getreide anzubauen und von den Erträgen der Parzellen zu leben, unternahm der Mensch einen wichtigen Schritt seiner kulturellen Entwicklung: er war in der Lage, sein Leben als Nomade aufzugeben, er wurde seßhaft. Bis heute würde es keine Städte, keine nennenswerte Ansammlung von Menschen, keine festen Behausungen geben, wenn die menschliche Rasse nicht gelernt hätte, zu nutzen und zu verfeinern, was die Natur bereits beherrscht.

Das war nur möglich, weil der Mensch die natürlichen Gesetze der Vererbung beobachtet und zu seinem Wohl umsetzte. Das Getreide, das wir heute essen, ist das Ergebnis eines langen Züchtungsprozesses. Ebenso ist das Pferd aus wesentlich kleineren Formen herangezüchtet worden. Unsere heutigen Hochleistungs-Milchkühe bilden den (vorläufigen?) Endpunkt eines Züchtungsprozesses von Rindern, den unsere Urahnen einleiteten, als sie begannen, diese Tiere als Haustiere zu halten und zu nutzen.

Die alkoholische Gärung, die auch in der Natur vorkommt, ist vom Menschen genutzt und verfeinert worden, ebenso das Prinzip der Rezirkulation, eine Art Ur-Recycling. Über Jahrhunderte waren die Exkremente der Haustiere der einzige, aber enorm leistungsfähige Dünger den der Mensch besaß. Indem er diesen Dünger wieder auf das Feld brachte, führte dessen Abbau durch Mikkroorganismen dem Boden neue Nährstoffe zu.

Auch heute noch bedienen wir uns der Mechanismen der Natur. Die Luft wäre nicht mehr zu atmen, würde sie nicht unentwegt durch Pflanzen gefiltert und aufbereitet. Kein Tropfen Wasser wäre mehr genießbar, würden nicht Mikroorganismen für einen Abbau der Schadstoffe sorgen. Nach diesem Prinzip funktionieren übrigens auch unsere Kläranlagen: man läßt die Natur säubern, was der Mensch verschmutzt. Wenn auch die Selbstreinigungskräfte der Natur aufgrund der von uns erzeugten Mengen an Gift, die sie ständig säubern, filtern und reinigen muß, begrenzt sind: ohne ihre Hilfe wäre dieser Planet schon lange unbewohnbar.

Die gesamte chemische und physikalische Grundlagenforschung ist seit jeher damit beschäftigt, der Natur die Geheimnisse zu entlocken, die sie im Innersten zusammenhält. Wie viele Medikamente auf natürlicher Basis haben schon Menschenleben gerettet, weil wir, insbesondere aber unsere kräuter-erfahrenen Vorfahren in der Lage waren, die Kräfte der Natur zu nutzen?

Es gibt Tausende von Beispielen, die belegen, daß wir – oft ohne uns darüber bewußt zu sein – die Vorbilder der Natur kopieren. Wohl die gesamte kulturelle und zivilisatorische Entwicklung des Menschen läßt sich auf die Nutzbarmachung und Nachahmung natürlicher Vorbilder zurückführen.

Wir müssen davon ausgehen, daß es noch eine unendliche Anzahl von Vorbildern gibt, die wir noch nicht entdeckt haben. Vielleicht weil wir bislang glaubten, ohne sie auskommen zu können. In unserer heutigen Situation dürfen wir deshalb nichts unversucht lassen, diese Vorbilder zu suchen und zu nutzen.

2.7 Dreizehn Schritte zum Erfolg

Jahrtausende hat der Mensch mit Hilfe der Natur gearbeitet – heute arbeitet er gegen sie. Diese Contra-Philosophie entspringt dem Denken des Wettbewerbs. Alle Anzeichen der Zerstörung unserer Lebensgrundlagen wie Klimaveränderung, Artensterben oder Luftverschmutzung sind systemerhaltende Vorgehensweisen der Natur, um zu einer stabilen Gleichgewichtslage zurückzukehren. Dabei ist es der Natur egal, ob der Mensch Einsicht zeigt und seine umweltzerstörenden Verhaltensweisen aufgibt oder ob die Natur den Menschen eliminieren muß, weil er sie unbeirrt weiter zerstört. Noch haben wir die Wahl. Weshalb entscheiden wir uns nicht für das Leben und die Natur? In Harmonie mit der Natur können wir nur gewinnen. Hier sind wesentliche Empfehlungen für jedes lebensorientierte Unternehmen, jede zukunftsorientierte Organisation.

Die Umstellung von Herstellungstechniken, Verwendung und Entsorgung von Produkten geht nicht von heute auf morgen. Dazu sind die ökonomischen Abläufe mit ihren zahlreichen Verflechtungen von End- und Zwischenprodukten, Lieferanten und Kunden, Roh-, Hilfs- und Betriebsstoffen, von nationalen und internationalen Verknüpfungen viel zu komplex geworden. Aber es ist an der Zeit, jetzt eine *Entscheidung* für oder gegen die Natur zu treffen.

Umweltorientierung bedeutet nicht, daß klassische unternehmerische Ziele obsolet werden. So sind etwa Gewinnerzielung und Arbeitsplatzsicherung auch weiterhin erstrebenswerte Elemente der unternehmerischen Strategie. Der Einfluß dieser klassischen Elemente aber nimmt ab. Ihre Relevanz für den Unternehmenserfolg tritt hinter den Umweltschutz zurück und erhält durch ihn neue Dynamik.

Umweltschutz, mithin das Suchen nach naturidentischen Verfahren, ist somit nicht die Grenze, sondern die Voraussetzung für weiteres Wachstum. Wachstum allerdings, das sich nicht in den bislang üblichen quantitativen Kategorien, sondern allein in der Qualität manifestieren wird.

Anhand eines Dreizehn-Punkte-Planes möchten wir Ihnen den Weg einer an der Natur ausgerichteten Unternehmenspolitik präzise darstellen, der Umweltschutz als maßgebliches Kriterium für den künftigen Unternehmenserfolg steht dabei im Mittelpunkt.

1. Umweltschutz ist „Chefsache". Sehen Sie Umweltpolitik als zentralen Teil Ihrer gesamten strategischen Unternehmenspolitik.
2. Erfüllen Sie nicht nur die ohnehin vorgeschriebenen gesetzlichen Maßnahmen. Seien Sie Ihrer Zeit voraus und übernehmen Sie eine Vorreiterrolle. Das gute Image Ihres Unternehmens wird so zum sichtbaren Schlüssel des künftigen Erfolgs.
3. Gründen Sie eine selbständige und vom Produktionsprozess abgekoppelte Abteilung, die sich ausschließlich damit beschäftigt, die Natur zu kopieren und diese Vorbilder mit ökologisch langfristiger Zielsetzung auf Ihr Unternehmen zu übertragen.
4. Entwickeln Sie ein strategisches Umweltkonzept, das mit der Bestandsaufnahme der aktuellen ökologischen Unternehmenssituation beginnt und die notwendigen operativen Ziele schwerpunktmäßig im Umweltschutz definiert.
5. Sorgen Sie dafür, daß sich an den zentralen Schaltstellen im Unternehmen Führungskräfte befinden, die naturgetreues Wirtschaften als ökonomische Chance und nicht als Belastung empfinden.
6. Betreiben Sie eine gezielte Schulung und Aufklärung aller Mitarbeiter. Je höher deren Umweltbewußtsein ausgeprägt ist, desto schneller erreichen Sie Ihr Ziel.
7. Stellen Sie Beauftragte für den Umweltschutz ein, die keine Alibi-Funktion gegenüber der Öffentlichkeit haben, sondern ein Veto-Recht bei umweltrelevanten Entscheidungen besitzen. Verstehen Sie diese Umweltschutzbeauftragten als „Kontrolleur der Natur", analog den Kontrolleuren der Finanzen.
8. Erkennen und nutzen Sie umweltverträgliche Alternativen beim Einsatz von Roh-, Hilfs- und Betriebsstoffen.
9. Investieren Sie in Verfahren, die Energie und Rohstoffe einsparen und Recycling-Möglichkeiten bieten.
10. Entwickeln und verkaufen Sie *nur* solche Produkte, die umweltverträglich hergestellt, verwendet und entsorgt werden können.

11. *Verzichten* Sie kurzfristig auf Produkte oder Verfahren, wenn trotz aller Anstrengungen eine umweltverträgliche Produktion, Verwendung oder Entsorgung nicht möglich ist.
12. Gründen Sie innerhalb Ihres Unternehmens kleine und möglichst autarke Einheiten. Vermeiden Sie, daß Ihr Unternehmen zu einem unbeweglichen Klotz mit langen Entscheidungswegen wird. Sorgen Sie für relative Selbständigkeit der einzelnen Unternehmensteile, um den Prozeß der Anpassung an die spezifischen ökologischen Anforderungen nicht zu verlangsamen. Übertragen Sie die Struktur der Natur (siehe Kapitel 3) möglichst perfekt auf Ihr Unternehmen.
13. Halten Sie mit Ihren Erfolgen nicht hinter dem Berg: Umwelt-Maßnahmen sind geeignete Mittel, Presse und Öffentlichkeit von Ihren innovativen Ideen zu überzeugen. So werden Erfolge der Ökologie zu Erfolgen in Ihrer Offentlichkeitsarbeit. Das Image wird dieser Realität folgen.

Unsere Gesellschaft kann langfristig nur Bestand haben, wenn wir ohne irreparable Schäden an unseren Lebensgrundlagen auskommen. Unternehmerische Verantwortung bezieht sich also auf die langfristige Sicherung der Funktionsfähigkeit sowohl der Natur als auch des Unternehmens: das eine kann es ohne das andere nicht geben.

Die Verzahnung des ökologischen mit dem ökonomischen System wird sich weiter entwickeln. Und natürlich wird auch der Staat gefordert, Rahmenbedingungen zu schaffen, die den unternehmerischen Erfindungsreichtum fördern und unterstützen. Dennoch kommt es zuerst auf die Unternehmen selbst an: Auf deren Fähigkeit, Chancen zu begreifen und Entscheidungen zu treffen, die den Weg für ein neues Denken über die Natur und vom Wirtschaften mit der Natur ermöglichen.

2.8 Gesellschaft und Wirtschaft in 20 Jahren: Eine Vision

Wir schreiben das Jahr 2010. Die Wirtschafts- und Gesellschaftspolitik war in den letzten Jahren einem dramatischen Strukturwandel ausgesetzt, der sich nur noch mit den sensationellen politischen Umwälzungen im Europa der späten achtziger Jahre vergleichen läßt. Beobachter sprechen bereits jetzt von der dritten industriellen Revolution. Die Erfindung der Dampfmaschine leitete die erste industrielle Revolution ein, die flächendeckende Etablierung der Mikroelektronik und der Computertechnik, verbunden mit einer Automatisierung ganzer Produktionslinien waren kennzeichnend für die zweite industrielle Revolution. Die dritte Revolution ist die Synergie mit der Natur.

Im Gegensatz zu den Vorgängern hat man es erstmals mit einer Revolution zu tun, die zwar ebenso tiefgreifende gesellschaftliche Änderungen hervorruft, aber völlig andere Eigenschaften besitzt: nicht Wachstum, sondern Selbstbeschränkung zeichnet sie aus, die Wirtschaftsphilosophie favorisiert nicht mehr das krebsgeschwürgleiche Wuchern, sondern handelt in strikter Selbstregulation.

Der Trend zu Großkonzernen mit einer aufgeblähten, starren und unflexiblen Verwaltung ist durch den Trend zu kleinen, autarken Einheiten, die sich schneller und intensiver den Erfordernissen des Marktes und der Umwelt anpassen können, abgelöst worden.

Der Begriff des „Wirtschaftswachstums", über den bis in die neunziger Jahre noch das Wohl und Wehe einer Wirtschafts- und Gesellschaftsordnung definiert wurde, ist passé. Als Maßeinheit für das Wachsen wirtschaftlicher Leistungsfähigkeit einer Volkswirtschaft wurde vom Ministerium für Umweltwirtschaft, das aus den bisherigen Ministerien für Wirtschaft und Umwelt hervorging, der Begriff „Qualitatives Wachstum" eingeführt. Diese Vokabel definiert die Fähigkeit der Wirtschaft, Güter und Dienstleistungen im bisherigen Umfang zu produzieren, ohne die Umwelt zu belasten und ohne einen nennenswerten Rückgang des Bruttosozialprodukts in Kauf zu nehmen.

Die Steigerungsrate des qualitativen Wachstums lag im letzten Jahrzehnt bei über 9 Prozent. Immer mehr Firmen sind in der Lage, ihre Produktionen nach dem Vorbild der Natur abzuwickeln, ohne an Qualität zu verlieren. Im Gegenteil: Die aufgegriffenen Anregungen aus der Natur stellen sich in den meisten Fällen als stabiler, durchdachter und intelligenter heraus. Darüber hinaus produzieren die Unternehmen mit weniger Kosten als noch vor zehn Jahren, weil sie es verstanden haben, die Rezirkulationskreisläufe der Natur zu kopieren. Kosten für Abfallbeseitigung oder Entsorgung schlagen in den Bilanzen kaum noch zu Buche.

Auch den Städten und Gemeinden bleiben Kosten in immer größerem Umfang erspart: Die Müllhalden schrumpfen drastisch, Müllverbrennungsanlagen werden überflüssig, weil es kaum noch Rückstände im Haushaltsmüll gibt, die nicht wiederverwendbar sind. Sondermülldeponien werden geschlossen.

Es zahlt sich aus, daß immer mehr Betriebe Produkte nicht mehr herstellen, wenn dabei Stoffe anfallen, die derart toxisch sind, daß sie nicht mehr in anderen Bereichen der Wirtschaft wiederverwendet werden können. Das Denken der Führungskräfte hat sich radikal vom klassischen Input-Output wegentwickelt: Als fortschrittlich und erfolgreich gilt, wer mit seinem Output nach dessen Gebrauch direkt einen neuen Input für andere Produktionszweige bewirkt.

Insgesamt floriert die Wirtschaft wie lange nicht mehr. Nicht jene Pessimisten haben recht behalten, die zu Beginn der neunziger Jahre davon ausgingen, daß Wirtschaft und Natur auf ewig Feinde sind, noch jene, die prophezeiten, daß Wirtschaften nach dem Vorbild der Natur gänzlich unmöglich ist und nur den Lebensstandard zurückwerfen sowie die Gesellschaftsordnung untergraben würde. Es wird zunehmend offensichtlich, daß Natur und Wirtschaft Komplementäre sind.

Die aufsehenerregendsten, mit dem Nobelpreis honorierten Erfindungen des Jahres 2010 hatten die Übertragung natürlicher Mechanismen auf hochkomplexe Wirtschaftsprozesse zum Thema: selbstauflösende Verpackungen, Energiegewinnung durch photosynthese-ähnliche Prozesse, Klärung von Abwässern nach natürlichem Vorbild...

Neben der radikalen Bewußtseinsänderung der Führungskräfte in der Wirtschaft und fast aller Teile der Bevölkerung waren die teilweise dramatischen Veränderungen in den Unternehmenskulturen die herausragenden Ereignisse der späten neunziger Jahre. Hier haben sich in zehn Jahren Veränderungen ergeben, deren Radikalität selbst jene überrascht hat, die ähnliche Entwicklungen voraussahen.

Einstmals hochangesehene Unternehmen existieren nicht mehr oder sind nur noch mit einer Holding-Gesellschaft präsent. Firmen, die noch vor fünfzehn Jahren eine überragende Marktstellung besaßen, aber die Wende zur natürlichen Produktion nicht oder zu spät vollziehen wollten, existieren entweder nicht mehr oder führen in ihrem angestammten Marktsegment nur noch ein Schattendasein. Sie sind durch solche Unternehmen verdrängt, die sich mit kleinen, selbständigen Einheiten innovative Vorreiterpositionen erkämpfen und diese konsequent in Mark und Pfennig umsetzen.

Auch die dritte industrielle Revolution hat somit ihre Opfer gefordert; wie bei der ersten und zweiten industriellen Revolution meistens solche, die zu lange an alten Strukturen und Denkmodellen festhielten.

Eingeleitet und beschleunigt wurde diese Entwicklung durch den Image-Verlust der betreffenden Firmen. Bereits zu Beginn der neunziger Jahre war absehbar, daß das Befolgen von Gesetzen und Verordnungen allein für ein positives Image beim hochgradig sensibilisierten Verbraucher nicht ausreichen würde, um die Marktanteile zu verteidigen.

Die neueste Statistik des Ministeriums für Umweltwirtschaft dokumentiert, daß mehr als 70 Prozent der Verbraucher nur noch bei Unternehmen mit einem erstklassigen Umwelt-Image kaufen. Die im Jahre 2010 am Markt befindlichen Firmen sind in diesem Sinne fast durchgängig Garanten für eine kontinuierliche Steigerung der Lebensqualität.

Dies manifestiert sich auch in der Werbung: Während früher die Qualität und die vermeintliche Überlegenheit der Funktion des jeweiligen Produktes im Vordergrund standen, bewegt heute Werbeagenturen und Verbraucher eigentlich nur eine Botschaft: wird das Produkt umweltgerecht hergestellt, welches Unternehmen stellt es her, welches Image hat dieses Unternehmen? Diese Konsequenz hat dazu geführt, daß es bestimmte, „giftige" Produkte, die noch in den neunziger Jahren als unerläßlich und unverzichtbar galten, nicht mehr gibt.

3. Die Struktur der Natur

3.1 Die Natur als natürliches System

Wir haben gesehen, daß unser falsches Image von der Natur bislang die Übertragung elementarer Mechanismen auf unsere wirtschaftlichen Strukturen verhindert hat. In unserer Arroganz haben wir die Natur bekämpft, anstatt mit ihr zu kooperieren. Aber nur in der Zusammenarbeit mit der Natur liegt die Chance, den ökologischen und ökonomischen Kollaps zu verhindern. Die Natur will uns nicht ausschalten: sie bietet uns das Überleben an.

Gravierend in ihrem Schadensmaß sind unsere alltäglichen und scheinbar unbedeutenden Umweltbelastungen, die in ihrer Summe die spektakulären Schäden als eine Folgewirkung erst hervorbringen. Gerade diese Umweltprobleme, die durch Produktion, konsumptive Nutzung und Entsorgung von Konsumgütern und Dienstleistungen entstehen, machen die Fehlerhaftigkeit und die Folgen unseres monokausalen Denkens deutlich. Einfache und schnelle Lösungen als Korrekturversuche erweisen sich als unzureichend; als kurieren am Symptom.

Obwohl wir noch nie soviel Wissen zur Verfügung hatten wie heute, scheint unsere Welt immer undurchsichtiger zu werden. Eine Antwort wirft mehrere Fragen auf. Je mehr Wissen wir anhäufen, desto größer erscheinen unsere Wissenslücken. Immer häufiger treten überraschende und unerwartete Problemkonstellationen auf. Kein Wissenschaftler hätte vermutet, daß die Verwendung FCKW-haltiger Treibmittel weit entfernt von ihrer Anwendungsstätte, nämlich in den oberen Schichten der Erdatmosphäre, zur Zerstörung der Ozonschicht führt. Trotz aller erreichten Fortschritte erscheint uns unsere heutige Situation insgesamt immer undurchschaubarer.

Wir sind gewohnt, all das, was wir begreifen wollen, als etwas abgegrenztes, von anderen System isoliertes oder sogar unabhängiges zu werten. So gelingt es uns bestenfalls, den momentanen Zustand eines Teilausschnitts zu sehen.

Natürliche Systeme wie die Natur sind im stetigen Wandel begriffen. Erst diese innere Dynamik und die Kommunikation mit anderen Systemen offenbart ihre Lebensphilosophie. Es ist die Fähigkeit, auf jede Herausforderung, auf jede Veränderung der Umwelt die Antwort geben zu können, die die weitere Existenz des Systems garantiert.

Unsere Umwelt ist voller künstlicher Systeme, ob wir sie nun Gesetzgebung, Leistungssport, Marktwirtschaft, Unternehmensphilosophie oder Organigramm nennen. Eine Welt ohne Systeme würde in der Willkür enden. Künstliche Systeme bestimmen und organisieren ebenso wie die natürlichen unsere Lebensbedingungen.

Benutzen wir den öffentlichen Nahverkehr, beachten wir die Regeln von Fahrplan und Tarifordnung, es sei denn, wir wollten uns dem Zufall oder den Gesetzen der Rechtsordnung aussetzen. Unternehmerische Entscheidungen orientieren sich an der Marktsituation, an der Ausrichtung an langfristigen strategischen Unternehmenszielen, an den Möglichkeiten, die die Marktkonkurrenz eröffnet. Die Mißachtung oder Fehleinschätzung von Marktgesetzen und Regelmechanismen bedroht die Existenz der Unternehmung. In unseren Lebens- und Arbeitsbereichen haben wir uns also daran gewöhnt, die Gesetzmäßigkeiten dieser selbstgeschaffenen Systeme zu beachten.

Auf den ersten Blick um so erstaunlicher ist daher die Tatsache, daß wir nicht bereit sind, die Gesetze natürlicher Systeme zu respektieren. Sie scheinen uns fremd, unverständlich oder gar störend. Sie scheinen die Einhaltung und Bewahrung der künstlichen Systeme zu gefährden.

Umweltschutz schmälert die Gewinnbilanz, Insekten gefährden den Ernteertrag, Viren und Bakterien bringen Krankheit. Künstliche und natürliche Systeme stehen häufig im Widerspruch zueinander. Wir erhalten unsere selbstgeschaffenen Systeme, indem wir die natürlichen Systeme und damit letztlich auch unseren eigenen Lebensraum zerstören.

Aber so wie der Mensch die Möglichkeiten hat, die Umwelt zu zerstören, so hat er auch die Chance, sich von der Natur belehren zu lassen, aus gemachten Fehlern zu lernen und durch Anwendung dieses Wissens zum Erhalt seines eigenen Lebensraumes beizutragen.

Wenn wir die Organisation der Natur und ihre komplexen Wirkungszusammenhänge kennenlernen wollen, können wir die Wissenschaft, die die Phänomene des Lebendigen beschreibt, zu Hilfe nehmen. Der Begriff Biologie setzt sich zusammen aus dem griechischem bios = Leben und logos = Sinn, Wort oder Wissenschaft. Biologie ist folglich die Wissenschaft des Lebens. Lassen wir das Leben sprechen:

3.2 Der Bauplan organischer Unternehmensentwicklung

Wir sind bis heute nicht in der Lage, die Entstehung des Lebens aus organischer Materie zu beschreiben und nachzuvollziehen. Nur eines ist klar: die evolutionäre Entwicklung aller Lebensformen geht auf die Einzelzelle zurück. Sie ist sozusagen der Keim für die Ausbreitung des Lebens bis hin zu seiner einzigartigen Fülle verschiedenster Lebensausprägungen. Die Entwicklung und Entfaltung der Lebensfülle ist das erfolgreichste Modell des Aufbaus und der Organisation von Systemen. Wir können dieses milliardenfach bewährte Know-how zur Einrichtung lebensnaher und intakter Wirtschafts- und Unternehmensstrukturen als Vorbild und Wegweiser nutzen.

Wenn wir uns den Plan des Lebens mit den fantastisch aufeinander abgestimmten Funktionsweisen vor Augen halten, können wir nicht mehr von einer ungerichteten, zufälligen Entstehung dieses Gefüges höchster Ordnung ausgehen. Diesen uns unbekannten und faszinierenden Lebensplan müssen wir daher Schöpfung nennen.

Die ursprünglichsten Formen organisierten Lebens waren (und sind) die Prokaryoten. Das sind Einzeller, die noch keinen vom Zellplasma durch eine Membran abgegrenzten Zellkern besitzen. Man kann Sie stammesgeschichtlich als Vorläufer von kernhaltigen (eukaryotischen) Zellen ansehen, aus denen sich Pflanzen und Tiere aufbauen. Diese Prokaryoten mögen sich aus zufälligen Ansammlungen organischer Verbindungen in der Uratmospäre gebildet haben.

Während die ersten biologischen Organisationsformen wohl noch mit der Nutzung chemischer Energiequellen, z.B. Methan auskamen, war der wichtigste nächste Schritt die Anzapfung der Sonne als Energiequelle. Die Spaltung von Schwefelwasserstoff mit Hilfe der Sonnenenergie in für den Aufbau chemischer Substanzen nutzbaren Wasserstoff und Schwefel als Abfall war wohl eine Sackgasse. Erst die Nutzung des Wassers ergab sowohl nutzbaren Wasserstoff als auch ein wiederverwertbares „Abfallprodukt": Sauerstoff.

Der geniale Einfall war, diesen Wasserstoff mit Kohlendioxid zu Kohlenhydraten zu verbinden, aus denen er dann bei Bedarf wieder mit Sauerstoff zu Wasser werden kann. Die dabei freiwerdende Energie ist der Motor aller Lebensprozesse.

Spezialisierung und Differenzierung waren die nächsten Schritte der Evolution. Die Nutzung der Solarenergie wurde in getrennte Aggregate für den Aufbau und den Abbau von Brennstoffen verlagert, die durch Transportsysteme verbunden werden mußten.

Die Informationen für das Zusammenspiel der verschiedenen Prozesse wurden immer komplexer und mußten durch Membranen vom Stoffwechselgeschehen weitgehend abgeschirmt werden. Es entstanden chlorophyllhaltige eukaryotische Pflanzenzellen. Die zur Photosynthese fähigen Organismen schufen erst die sauerstoffhaltige Atmospäre in der heutigen Zusammensetzung.

Die veränderte atmosphärische Umwelt war die Grundlage für die Entstehung neuer Lebensformen, die sich an diese Bedingungen anpassen konnten. Alle höher differenzierten Lebensformen, so wie wir sie heute kennen, gehen dabei letzlich aus einer Urform des Lebens hervor, aus dem Prototyp der prokaryontischen Zelle, die noch keinen echten Kern besitzt. Aus dieser Keimzelle heraus hat sich also Leben in seinen manigfaltigsten Ausprägungen und seiner Formen- und Artenvielfalt entfaltet. Jede auch noch so kleine ökologische Nische und jeder auch noch so lebensfeindlich anmutende Lebensraum ist in Anpassung an die jeweiligen Umweltbedingungen von Lebensformen besiedelt worden. So ist die Vielfältigkeit des Lebens entstanden. Das ist das Erfolgsrezept der Natur.

Jeder Organismus entwickelt sich in seinem Ursprung immer aus einer einzigen Zelle heraus. Diese wächst nicht grenzenlos. Wenn sie ihre Reife erreicht hat, stellt sie ihr Wachstum ein und teilt sich in Mutter- und Tochterzelle, diese teilt sich wiederum und so fort. So entstehen weitere Zellen begrenzter Größe, und so entstehen vielzellige Organismen mit ebenfalls begrenzter Größe.

3.3 Die Dimension des Marktes

Die Selbstbegrenzung in Größe, Anzahl und Lebenszeit ist also ein herausragendes Kennzeichen natürlicher Systeme. Sie beschränken die Ansprüche gegenüber ihrer Umwelt auf ein lebensnotwendiges Maß. Sie nehmen sich das, was sie brauchen, nicht mehr und nicht weniger. Somit ist die Selbstbegrenzung Grundlage für die Erhaltung des Lebendigen.

Die Zellmembran bildet die Begrenzung einer Zelle vom umgebenden Milieu, ihre Abgrenzung zur Umwelt. Erst die Begrenzung gibt der Zelle die Fähigkeit zum Leben. Ohne sie würde die Zelle regelrecht zerfließen, ihr perfekter Grad an Ordnung wäre zerstört und das Zusammenspiel der Organellen unterbrochen. Die Zelle müßte sterben.

Die Zelle akzeptiert diese Möglichkeiten und Grenzen. Sie stellt sich nicht gegen die Natur, denn dann wäre sie längst ausgestorben.

Auch die nächsthöhere Systemebene der Natur, das Organ als Gemeinschaft unterschiedlich ausdifferenzierter Einzelzellen, ist durch das Prinzip der Selbstbegrenzung charakterisiert. Dies betrifft sowohl seine Aufbauorganisation (Anzahl der Einzelzellen) als auch seine Ablauforganisation (Qualität und Quantität ihrer Stoffwechselprodukte). Diese Selbstbegrenzung gewährleistet die Konstanz der Lebensvorgänge, indem sie das für natürliche Systeme charakteristische biologische Gleichgewicht aufrechterhält und damit den Organismus am Leben erhält. In dem Maße, wie die Selbstbegrenzung des Stoffwechsels die Lebensfähigkeit des Organismus garantiert, gewährleistet die zahlenmäßige Selbstbegrenzung von Organismen in begrenzten Lebensräumen (Populationsdichte) das Überleben einer Art.

Dieses wird an einem einfachen wissenschaftlichen Experiment mit Ratten sehr gut nachvollziehbar, das der amerikanische Psychologe Professor John B. Calhoun durchführte. Er sperrte 20 Rattenpärchen in einen abgegrenzten Lebensraum von tausend Quadratmetern und versorgte sie mit allem, was sie zum Leben brauchten. In diesem Schlaraffenland hätten sich die Ratten nach 27 Monaten unter natürlichen Verhältnissen, also ohne die künstliche Begrenzung des Lebensraumes, auf etwa 5000 Exemplare vermehrt. Statt dessen lebten nur 150 Artgenossen in diesem Versuchsraum, und ihre Zahl wuchs auch in den nächsten Monaten nicht mehr weiter an. Die Größe dieses Areals konnte offenbar nur diesen 150 Individuen genügend Lebensraum garantieren. Dabei zeigte das Rattenvolk die verschiedensten Regulationsmechanismen zur Begrenzung der Population, auch solche, die auf den ersten Blick barbarisch und lebensverachtend scheinen. Die Weibchen vernachläßigten ihren Nachwuchs. Die Nester wurden nur noch unzureichend ausgepolstert, die Jungtiere nur noch selten gesäugt und bei Gefahren nur noch selten geschützt.

Die Folge war eine Kindersterblichkeit von 96 Prozent. Die Männchen neigten zu Kannibalismus gegenüber ihrem Nachwuchs. Gleichzeitig sank die Fruchtbarkeit der Weibchen, ihre Sterblichkeitsrate bei der Geburt des Nachwuchses stieg hingegen auf 50 Prozent. So gewalttätig und grausam derartige Selbstregulierungsmechanismen der Bevölkerungsdichte auch zunächst erscheinen mögen, sie sind letztlich doch auf Leben ausgerichtet. Denn sie gewährleisten, daß diese 150 Tiere am Leben bleiben können. In der freien Natur würde der Lebensraum bei Überpopulation, zum Beispiel ohne die künstliche Zufuhr von Nahrung, in seiner Regenerationsfähigkeit überlastet und zerstört werden. So wäre die Überlebensfähigkeit aller Tiere grundsätzlich in Frage gestellt.

Neben den Veränderungen des Sozialkodex treten in der Natur vor allem physiologische Umstellungen auf, die die Begrenzung der Individuenzahl ermöglichen. Das sind Auswirkungen von Außenimpulsen

(Streß durch Überbesiedlung des Lebensraumes), die für jeden Einzelorganismus bedrohlich sind und ihm sozusagen in „Fleisch und Blut" übergehen. Die Regulierungsmechanismen der Organismen erhalten der Gesamtpopulation den Lebensraum.

Dabei konnte der oben beschriebene Simulationsversuch wichtige Regulationsmechanismen, wie sie unter natürlichen Bedingungen vorkommen, nicht berücksichtigen, weil eben auch dieses Experiment nur einen Ausschnitt der Wirklichkeit abbilden kann. Über die Nahrungskette bestehen in freier Natur zwischenartliche Regelkreise, die als Räuber-Beute-Verhältnisse bezeichnet werden. Zwei Arten (Räuber- und Beuteart), die über die Nahrungskette in Verbindung stehen, pendeln im zahlenmäßigen Verhältnis um eine konstante Gleichgewichtslage. Bei Verschiebung des Zahlenverhältnisses zugunsten der Räuberart ist das Angebot an Nahrung aufgrund der relativ geringen Anzahl von Beutetieren verringert. Das hat zur Folge, daß sich die Populationsstärke der Räuber reduziert. Sind jedoch weniger Räuber vorhanden, so kann sich die Beuteart ohne großen Verlust vermehren. Damit ist wiederum ein überreiches Nahrungsangebot für die Räuberart vorhanden, so daß diese Art an Individuenzahl zunimmt bei gleichzeitiger Verringerung des Bestands der Beuteart – und so weiter.

Die Fähigkeit zur Selbstregulation von Wachstum und Individuenzahl unterscheidet die Natur von den künstlichen Systemen. Künstliche Systeme sind nicht auf Selbstbegrenzung ausgerichtet.

Die Selbstregulation erfolgt – wie beschrieben – nach dem Regelkreisprinzip, das heißt durch regulierende und limitierende Rückkopplungsmechanismen.

Natürliche Systeme können daher eine optimale Faktorgröße nicht überschreiten, ohne daß das System als Ganzes Schaden nimmt.

Grenzenloses Wirtschaftswachstum muß nach diesen Gesetzmäßigkeiten ebenso systemzerstörend wirken. Auch wenn die Schäden zunächst auf das natürliche System Umwelt abgewälzt werden können, werden sie mit zeitlicher Verzögerung auf das System Wirtschaft zurückwirken: schließlich sind alle künstlichen Systeme in natürliche Systeme eingebettet und können ohne sie nicht existieren.

3.4 Das biologische Modell der Ablauforganisation

Ein Organ entsteht aus dem Zusammenschluß und dem Zusammenwirken von ausdifferenzierten Einzelzellen zu einer Zellgemeinschaft. Der Prozeß der Zelldifferenzierung orientiert sich dabei ausschließlich an den Aufgaben und Funktionen, die das Organ im Organismus wahrnimmt. Diese Anpassung an die Lebensbedürfnisse ermöglicht die Erhaltung des Organismus. Dabei ist ein ungehinderter Informationsfluß besonders bedeutsam. Nur auf diese Weise können Störungen frühzeitig erkannt und behoben werden. Die Natur stellt sich daher als ein Musterbeispiel für das Modell einer betrieblichen Ablauforganisation dar, in der der Mensch als Informationsträger die zentrale Bedeutung hat.

Aus der Gemeinschaft unterschiedlich differenzierter Zellen gehen die einzelnen Organe und Gewebe eines Organismus hervor. Dafür ist die Differenzierung von Zellen zu Spezialisten entsprechend den jeweiligen Aufgaben des Organs notwendig. Die Differenzierung selbst ist das Resultat der Selbstbeschränkung der Zelle auf die Informationen, die sie in ihrer jeweiligen Funktion benötigt.

Versuche mit Zellkerntransplantationen belegen, daß ausdifferenzierte Zellen ausschließlich die Informationen einsetzen, die zum Erhalt des Organs und des Organismus von Bedeutung sind: Wird zum Beispiel eine Eizelle eines Frosches entkernt und ihr ein vom Cytoplasma befreiter Kern einer voll ausdifferenzierten Frosch-Darmzelle injiziert, enthält diese spezialisierte Zelle dennoch alle Informationen, die eine Vollentwicklung bis hin zum ausgewachsenen Frosch ermöglichen. Das bedeutet, daß zwar in jeder ausdifferenzierten Zelle die kompletten Erbinformationen vorhanden sind, jedoch nur solche Informationen abgerufen werden, die den Aufgaben der jeweiligen Zelle entsprechen.

Differenzierungen in der Natur sind daher kein Defizit, kein Fehlen an „Allgemeinbildung", sondern eröffnen zusätzliche Möglichkeiten durch die Beschränkung auf die wesentlichen Aufgaben. Auch diesen Sachverhalt sollten wir vor dem Hintergrund eines Bildungs- und Wirtschaftssystems beachten, das immer mehr einseitig aus- und vorgebildete Spezialisten hervorbringt. Unter den Organen und Geweben gibt es die unterschiedlichsten Fachbereiche. Wir kennen die Muskelzellen, das ist die „channel policy", oder die Gehirnzellen, die als Management Informationen aufnehmen, bewerten und ihre Umsetzung kontrollieren können. Die Nervenzellen sind identisch mit der Verwaltung, die veranlaßt, daß Informationen und Aufträge weitergeleitet und durchgeführt werden. Die Magenzellen sorgen für den Rohstoffeinkauf, die Darm- und Nierenzellen sind die Abfallspezialisten. Sinneszellen kann man mit der Unternehmensberatung oder dem Marketing vergleichen, die Hautzellen wiederum repräsentieren die Öffentlichkeitsarbeit oder das Corporate Design. Den Zusammenschluß zu differenzierten Fachabteilungen nennt die Biologie Organ oder Gewebe. Sie beschreiben sozusagen die einzelnen Funktions- und Betriebsbereiche.

So wie die unterschiedlichen Organe gerade durch ihre Individualität ihren hohen Ordnungsgrad und damit die Lebensfähigkeit des Organismus erwirken, so wird auch unternehmerisches Handeln in entscheidendem Maße von den verschiedenen betrieblichen Funktionsbereichen getragen.

Die gravierendsten Unterschiede des offenen Systems Organ gegenüber den geschlossen Systemen der Betriebsbereiche entdecken wir in der Ablauforganisation. Die Natur ist das Musterbeispiel für vernetzte Wirkungen, Rückkopplungen und den Informationsaustausch zwischen den beteiligten Bausteinen. Lernen von der Natur heißt hier also vorrangig, diese Prozesse der wechselseitigen Kommunikationen zu beobachten und zu verwirklichen. Vergegenwärtigen wir uns daher die herkömmliche Ablauforganisation der Betriebsbereiche.

Unabhängig von den verschiedenen Aufbauorganisationen, ob als Matrixorganisation, als Spartenorganisation oder als Mehrmeistermodell, die Informationsflüsse sind in jedem Fall hierarchisch strukturiert.

Besonders deutlich zeigt das funktionale, eindimensionale Unternehmensorganigramm, daß der Hauptstrom der Informationsflüsse von der Unternehmensleitung bis hinunter zu den einzelnen Betriebsbereichen, also von oben nach unten erfolgt. Hier wird in einfachen, linearen und kausalen Ketten gedacht. Für jedes Ereignis, für jede Wirkung oder Veränderung wird eine Ursache gesucht. Damit ist auch eine Sündenbocktheorie sehr eng verbunden. Für jeden Unfall, für jede ökologische Katastrophe und für jedes unternehmerische Fehlmanagement brauchen wir einen Schuldigen, auf den die Ursache reduziert werden kann.

Die Natur geht anders vor. Es gibt keine Führungsspitze, keinen Chef, keinen Abteilungsleiter und Meister, keinen Angestellten oder Lehrling. Jeder tut das, was er fähig ist zu tun. Jeder bekommt die Informationen, die er für seine Aufgabe benötigt. Nichts wird verschwiegen oder verstellt.

Unternehmensprobleme sind oftmals Störungen der Kommunikationsflüsse zwischen den einzelnen Betriebsbereichen oder mit dem Markt. Die Behebung einer Störung im Gleichgewicht des Systems Unternehmung kann nur durch Sicht auf das Ganze, den Organismus, erreicht werden. Dabei sind das zugrundeliegende Problem und die auftretende Störung in vielen Fällen nicht identisch, genauso wie etwa eine Krankheit nicht das eigentliche Problem ausdrückt, sondern eine Störung im System Organismus anzeigt.

3.5 Das mutige Management

Alle Lebensprozesse in der Natur sind auf die Erhaltung des ökologischen Systems ausgerichtet. Die Natur hält sich konsequent an dieses Lebenskonzept und geht dabei erstaunliche Wege, die bis hin zu einer grundlegenden Umstrukturierung von Organismen reichen. Sie offenbart uns damit ihr Modell, wie auch wir unsere künstlichen Strukturen der Wirtschaft und der Unternehmen auf Leben ausrichten und unsere Existenz sichern können.

Ein Organismus entsteht durch den Zusammenschluß von Einzelzellen zu Organen und deren Zusammenwirken. Als Effekt können die verschiedensten Zell-Gemeinschaften entstehen, die wir Organismen nennen. Systemtheoretisch könnten wir auch sagen: Der Organismus ist ein offenes System, der sein hohes Ordnungsgefüge durch seine verschiedenen Subsysteme, die Organen und die Zellen, aufbauen kann. Er verwirklicht hierbei das System der kleinen Einheiten und Untereinheiten, die in den verschiedensten Wechselbeziehungen stehen. Das erwirkt seine Entstehung und Stabilität und vermindert gleichzeitg seine Störanfälligkeit gegenüber systembedrohenden Außeneinflüssen.

Die Natur zeigt uns den Sinn der Bildung von Organismen an einem einfach und geradezu fantastischen Beispiel: Die schwarmbildenden Amöben (Acrasiales) der Art Dictyostelium discoideum sind einzellige Organismen, die sich durch Verschiebung des Zellinhaltes (Cytoplasma) selbständig fortbewegen können und sich üblicherweise durch Zellteilung vermehren. Diese leben unter gewöhnlichen Lebensbedingungen als eine Ansammlung selbständiger und voneinander unabhängiger Einzelinduviduen, die keinen Kontakt miteinander pflegen.

Bei ungünstigen, lebensbedrohenden Umweltbedingungen, etwa bei Erschöpfung der Nahrungsquelle, beobachten wir ein einzigartiges und ungewöhnliches Phänomen. Die Amöben streben plötzlich einen Punkt in ihrer Mitte an und versammeln sich dort. Sie folgen dabei einem Signal, das ursprünglich von einer einzigen Amöbe ausgeht. Dieser Einzeller gibt in seine Umgebung eine Substanz ab, die die anderen Amöben veranlaßt, auf ihn zuzukommen und selber diese Substanz zu produzieren. Hier wird sozusagen der Krisenstab einberufen. Auf diese Weise werden alle Einzeller in einem gewissen Einzugsbereich alarmiert und wandern einem Zentrum zu, wobei sie sich am Konzentrationsgefälle der Signalsubstanz orientieren.

Dann entschließen sich die Einzeller zu einem gravierenden Schritt. Sie geben ihre bisherige Organisationstruktur der singulären Existenz vollkommen auf und schließen sich zu einem vielzelligem Organismus in der Form eines Konus zusammen. Dieser Konus flacht sich ab und beginnt dann solange zu wandern, bis er einen geeigneten Ort gefunden hat, an dem er sich festsetzt. Dort bildet er einen Stil und einen Fruchtkörper aus. Aus dem Fruchtkörper werden Sporen entlassen, die unter günstigen Bedingungen wiederum zu Amöben auskeimen und durch Zellteilung eine neue Population einzellig und selbstständig lebender Amöben bilden.

Im Verlaufe dieses Umstrukturierungs- und Kooperationsprozesses findet also eine Differenzierung in Stiel- und Fruchtkörperzellen statt. Dabei bilden die Zellen des Sammelzentrums immer den unteren Teil des Stiels, die aus der Mitte des Aggregationsfeldes den oberen Teil und die zu äußerst angelegten den Fruchtkörper. Die Einsicht im Hinblick der Bildung des einen oder des anderen Zelltypes ist dabei bereits lange vor dem Auftreten morphologischer Unterschiede vorhanden. Die Biologie spricht in einem solchen Fall von prospektiver Bedeutung. Sie meint damit das Wissen von Zellen um ihren Sinn innerhalb eines Organismus ohne daß sie in der Lage wäre, derartige Phänomene zu erklären.

Sie muß sich daher mit der Beschreibung dieser Vorgänge begnügen. Auch die Biologie hat ihre Grenzen. Dennoch wird an dieser Stelle wiederum deutlich: Die Natur besitzt alle Informationen und setzt sie zur Lebenserhaltung ein.

Die Amöbe gibt in Notlagen ihre Organisationsstruktur auf. So kann sich aus weniger differenzierten Lebensformen, ein neuer, höher differenzierter Organismus entwickeln. Ein Organismus, der gerade durch den höheren Grad an Ordnung, also durch die Bildung von Subsystemen (Stielzellen und Fruchtkörperzellen) gegenüber störenden und negativen Umwelteinflüssen unabhängiger ist. Dabei ist die Lebenstüchtigkeit aller biologischer Systeme stets Effekt der Lebensorientierung aller Teilsysteme.

Orientierung am Leben kennt daher keine Kompromisse, kein „Wenn und Aber", sie erfordert ein bedingungsloses „Ja zum Leben". Für diese Umkehr zum Leben fordert uns die Natur zu einem konsequenten und mutigen Management auf, was sich nicht scheut, gegebenenfalls auch tiefgreifende strukturelle Veränderungen zu treffen.

Durch die Verdichtung der inter- und intrabetrieblichen Vernetzungen werden auch diese gegenüber Rezessionsperioden unabhängiger. Die Einzelzellen geben zur Erhaltung des Lebens ihre Individualität auf. Die Natur fordert also auch Opfer. Opfer, die erst durch Neuorganisation letztlich das Überleben der Gesamtheit ermöglichen.

3.6 Der Selbstmord des Größenwahns

Die Biologie nennt grenzenloses Zellwachstum einen Tumor. Tumorzellen geben ihre Selbstbegrenzung auf und beginnen, unbegrenzt zu wuchern. Die Aufgabe der Selbstbegrenzung einer Zelle bedeutet im natürlichen System Organismus die Verdrängung gesunder, das heißt selbstbegrenzter Zellen und führt zur Zerstörung des Gesamtsystem. Eine wachstumsorientierte Wirtschaft verhält sich in Analogie zu einem Tumor. Wirtschaftswachstum ist nur auf Kosten des natürlichen Systems Umwelt, durch Ausbeutung der Ressourcen an Energie, Wasser, Bodenschätzen und Land möglich. Dieser Raubbau fällt jedoch langfristig auf den Verursacher selbst zurück. Grenzenloses Wachstum bedeutet die Zerstörung des Gesamtsystems, in welches das Wirtschaftssystem eingebettet ist. So wie das Krebswachstum den Organismus schädigt, so hat auch die Wachstumsideologie direkte Auswirkungen auf das Wirtschaftssystem selbst. Organisch gewachsene, kleinräumige Wirtschaftsstrukturen werden nach und nach verdrängt. Das Resultat sind monokulturelle Strukturen mit immer mehr Großunternehmen und erweiterten Wirtschaftsräumen, die zur Destabilisierung des Gesamtsystems führen.

Die räumliche Begrenztheit einer Zelle (durch die Zellmembran) bestimmt ihre Identität. Dabei nimmt sich die Zelle den Raum, den sie zum Leben und zur Aufrechterhaltung der Lebensprozesse unbedingt benötigt, nicht mehr und nicht weniger. Durch diese Selbstbegrenzung erhält sie Lebensraum und Lebensmöglichkeiten für andere Zellen. Ohne Selbstbegrenzung ist die Gemeinschaft unterschiedlicher Zelltypen und damit die Entstehung vielzelliger Organismen nicht möglich. Daher schafft die Selbstbegrenzung natürlicher Systeme zusätzliche Möglichkeiten.

Eine Krebszelle jedoch gibt diese Selbstbegrenzung auf. Dabei kommt die grenzenlose Selbstvermehrung dieser Zelle unter Zerstörung anderer Zellen und ihrer Lebensräume einem Selbstmord gleich. Zunächst stirbt das Organ, in der Folge der Organismus und damit eben auch die Krebszelle. Es sei denn, die moderne Chirurgie kann den Schaden durch Herausschneiden des Tumors gerade noch begrenzen. Wirklich gesunden aber kann der Organismus nur, wenn die zugrundeliegende Störung beseitigt ist, wenn die Informationen der Zelle dem Leben zugewandt sind.

Im marktwirtschaftlichen System muß die Kartellgesetzgebung die Aufgabe des Chirurgen übernehmen. In Paragraph 1 heißt es dazu: „Verträge, die Unternehmen oder Vereinigungen zu einem gemeinsamen Zweck schließen, und Beschlüsse von Vereinigungen und Unternehmungen sind unwirksam, soweit sie geeignet sind, die Erzeugnisse oder die Marktverhältnisse für den Verkehr von Waren oder gewerblichen Leistungen durch Beschränkung des Wettbewerbes zu beeinflussen." Das Kartellgesetz kann jedoch die zugrundeliegende Störung nicht beseitigen. Es übernimmt die Funktion der Schadensbegrenzung. Das Kartellamt existiert ja gerade deshalb, weil unsere Wirtschaft und die sie tragenden Unternehmen auf ständiges Wachstum ausgerichtet sind.

Doch in einer begrenzten Welt, mit begrenzten Ressourcen an Energie, Rohstoffen und Naturräumen kann es kein unbegrenztes Wachstum geben. Diese Ideologie impliziert geradezu ihr Scheitern. Sie drückt eine Störung im System Marktwirtschaft aus. Und analog dem Organismus wird auch die Marktwirtschaft erst dann überlebensfähig sein, wenn diese Störung behoben ist.

Die Natur verwirklicht – sehen wir einmal ab von der Tumorbildung durch Systemstörungen – das Prinzip der kleinen, sich selbst begrenzenden und regulierenden Bausteine. Und sie nimmt sich den Raum und die Stoffe, die sie zum Leben braucht. Mehr nicht. Die Abhängigkeit der Marktwirtschaft von stetigem Wachstum enttarnt geradezu ihre Philosophie der Ausbeutung. Das System der Marktwirtschaft zerstört unter Verleugnung und Verachtung des Prinzips der Selbstbegrenzung der Natur seine eigene Existenzgrundlage.

Schon heute haben wir einen zehnfach höheren Pro-Kopf-Verbrauch an Wasser, Energie und Bodenschätzen als die Entwicklungländer. Würden wir unseren Standard weltweit ausdehnen, würde dies den sofortigen ökologischen Kollaps unseres Planeten zur Folge haben. Grenzenloses Wirtschaftswachstum ist eben nur auf Kosten anderer möglich. Das ist die Verbindung zur Krebszelle, die den gesunden Körperzellen die Existenz nimmt.

Doch ist das auch der vielgepriesene wirtschaftliche und technische Fortschritt? In vielen Fällen genügt bereits ein einmaliger Durchlauf von reiner atmosphärischer Luft durch den Produktionsprozeß, um aus ihr giftige und gesundheitsgefährdende Abluft werden zu lassen. Wenn wir einen PKW der Mittelklasse (ohne Katalysator) starten, haben wir bereits nach einem Kilometer Fahrstrecke 27 000 Kubikmeter reine Luft verseucht. So würde allein die Menge der jährlich in der Bundesrepublik verschmutzten Atemluft ausreichen, um die gesamte Fläche der Bundesrepublik Deutschland bis in eine Höhe von 320 Metern mit über die Grenzwerte verschmutzter Atemluft zu füllen. Wir handeln im Wachstumswahn und ignorieren die Wirklichkeit einer Welt mit begrenzten Ressourcen.

Die Wachstumsideologie forciert ebenso die Entwicklung zu immer größeren Wirtschaftsräumen, da die Sättigung vorhandener Märkte (Begrenzung des Marktes) den Expansionsdrang der Unternehmen an Grenzen stoßen läßt. Die Beibehaltung herkömmlicher Maximierungsziele erfordert daher die Erschließung neuer und immer größerer Wirtschaftsräume. Die Wachstumsideologie muß natürliche Systeme unterdrücken, um ihre Ziele zu erreichen und dadurch selber weiterexistieren zu können.

Das ist der moderne Kolonialismus. Wir okkupieren heute nicht mehr mit Armeen, sondern mit der destruktiven Macht der Wirtschaftskonzerne.

Der Import dieser Pseudophilosophie hat auch die sogenannten Schwellen- und Entwicklungsländer nicht wirtschaftlich stärker, sondern abhängiger gemacht. Die Schuldenkrise ist eine logische Folge. Sie ist der Ausdruck der erfolgten Einflußnahme und der geglückten Abhängigkeit. Unser wirtschaftlicher Reichtum bedarf der Armut in anderen Ländern. Einer Armut, der diese Länder durch Ausbeutung ihres Reichtums, ihrer natürlichen Lebensgrundlagen zu begegnen versuchen. Aber in einer begrenzten Welt mit begrenzten Ressourcen und Lebensräumen fällt dieser wuchernde Raubbau auch auf den Verursacher selbst zurück.

Die Natur kennt keine Ländergrenzen. Sie kennt keine politischen und wirtschaftlichen Systeme. Wir aber scheuen uns nicht, nachdem wir unsere eigenen Lebensräume schon weitgehend ausgebeutet, verarmt und zerstört haben, diesen lebensverachtenen Expansionsdrang über unserer Ländergrenzen hinweg in die Länder der dritten Welt zu exportieren.

Mittäter und Helfershelfer der Vernichtung sind die Ideologen der Wirtschaftswissenschaften. Dies gilt solange, wie diese die Wachstumsideologie stützen.es ist bezeichnend, daß der sinnvolle Aufruf zum sparsamen Umgang mit Ressourcen durch Versorgungsunternehmen, etwa der Hamburger Wasserwerke, von Betriebswirtschaftlern heute als De-Marketing, also als Gegensatz zum herkömmlichen Marketing, bezeichnet wird. Wenn wir jedoch ein umweltverträgliches Wirtschaften wollen, müssen wir Abschied von den unternehmerischen Maximierungszielen nehmen.

Erst die Abkehr von der Maßlosigkeit kann die zugrundeliegende Störung im Wirtschaftssystem beheben und unsere Umwelt retten.

So können wir selbst von dem vermeintlich habgierigen Raubtier Löwe lernen. Er überläßt einen Teil seiner Beute den Aasgeiern, Hyänen, Insekten und Bakterien. Er tut das nicht aus wohlwollender Hilfe, sondern weil er nur nimmt, was er braucht. Mehr will er nicht, getreu dem Prinzip der Bedarfsdeckung. Denn die Natur schreit nicht nach Wachstum um jeden Preis.

3.7 Das Dogma des Wettbewerbs

Die materiellen Erfolge der Marktwirtschaft werden gemeinhin auf den Wettbewerb der Angebotsseite zurückgeführt. Diese Einschätzung des Wettbewerbs geht auf die Evolutionstheorie von Charles Darwin zurück. Darwin geht von einem Überlebenskampf in der Natur aus, aus dem die Arten erfolgreich hervorgehen, die sich am besten den Umweltbedingungen anpassen können, getreu dem Motto: der Tüchtigere setzt sich durch. Die kritische Betrachtung der Naturabläufe zeigt jedoch, daß nicht der Kampf und die Gesetze des „Fressens und Gefressenwerdens" das zentrale Moment erfolgreicher Evolution darstellen, sondern daß ihre Erfolge auf der Fähigkeit der Organismen zur Kommunikation und Kooperation beruhen. Die vielfältigsten Formen der Zusammenarbeit in der Natur verstärken den Vernetzungsgrad und stabilisieren damit das Gesamtsystem.

Die Betrachtung der Fülle der verschiedenen Lebensformen und -ausprägungen erklärt noch nicht die Hintergründe, die zur Entstehung dieser Vielfalt führen konnten, erklärt noch nicht den Prozeß des ständigen Wandels, des Auftauchens und Verschwindens von Arten. Diese Fragen versucht die Evolutionsforschung zu beantworten. Es gilt heute als gesichert, daß sich im Laufe der Entwicklungsgeschichte das Leben aus den einfachsten Formen über wachsende Differenzierungen und Ordnungsstrukturen bis hin zu den Arten, die unseren Planeten heute besiedeln, entwickelt hat. Dabei mußte sich das Leben immer an den Bedingungen der Umwelt orientieren. Nur die Arten, die an die jeweiligen Umweltbedingungen angepaßt waren, konnten überleben. Das Aussterben von Arten sieht die Evolutionstheorie daher immer als das Ergebnis ihrer mangelnden Anpassung an ihre Umweltsituation.

Die Beschreibung der Evolution und der Entwicklung der Arten ist eng mit dem Namen Charles Darwin verbunden. In seinem 1859 erschienenen Buch: „The origin of species – by means of natural selection or the preservations of favoured races in the struggle of life" stellte er seine Theorie zur Abstammung vor, die eine kausale Entwicklung aller Lebewesen fordert, also nach Ursache und Wirkung fragt. Darwin geht davon aus, daß bei Überschuß an Nachkommen eine Konkurrenzsituation unter den Artgenossen im Kampf ums Überleben auftritt (struggle for life), aus dem nur diejenigen erfolgreich hervorgehen, die am besten an die Gegebenheiten der Umwelt angepaßt sind (survival of the fittest).

Dies entspricht weitestgehend der herkömmlichen Auffassung des ökonomischen Wettbewerbs. Dieses Darwinsche Selektionsprinzip beruht auf „zufälligen" Änderungen oder Mutationen im Desoxiribunukleinsäure – Molekül (DNA), also in den Erbanlagen. Dadurch kommt es über den Daseinskampf und die Konkurrenz zur Auslese, zur Evolution. Dabei werden genetische Veränderungen eines Individuums durch Vererbung an Artgenossen weitergegeben. Sind diese im Sinne der Umweltanpassung positiv, so entsteht ein Selektionsvorteil, der diese Individuen begünstigt, so daß sich diese veränderten Erbanlagen in der Umwelt behaupten können. Auf diese Weise entstehen neue Arten und Rassen. Mutationen, die eine Verschlechterung der Anpassung an die jeweilige Umweltsituation zur Folge haben, setzen sich nicht durch.

Wie wir bereits wissen, geht alles Leben letzlich auf eine einzige Zelle zurück. Aus dieser haben sich in der Milliarden Jahre dauernden organischen Entwicklung die vielfältigen Formen der Lebensausprägung nach und nach abgeleitet. Vom Einzeller über vielzellige Organismen bis hin zu überindividuellen Lebenseinheiten wie Tierstaaten oder andere Lebensgemeinschaften. Wir blicken heute auf eine schier unüberschaubare Fülle von Lebensformen. Sie haben von ihrem Ursprungslebensraum, dem Wasser ausgehend, das Land und die Luft besiedelt und mit Leben gefüllt. Sie haben sich mit Möglichkeiten ausgestattet, die es ihnen ermöglichen, die extremsten Umwelten zu ihren Lebensräumen zu machen.

Wir kennen Bakterien, die in 100 Grad Celsius heißen Quellen leben, wir kennen Tiefseefische, die Wassertiefen von über 6000 Meter besiedeln und vertikale Wanderungen von bis zu 2200 Meter unternehmen (Vipernfische). Wir kennen an das Wüstenklima angepaßte Säugetiere, die ohne zu trinken leben können (z.b. die Kängeruh-Ratte Dipodomys spectabilis). Die Besiedlung solcher Lebensräume setzt in jedem Falle extrem hohe Leistungen dieser Tiere voraus. Wir wissen heute, daß es auf unserem Planeten keine Räume gibt, die nicht mit Leben erfüllt sind.

Wenn wir also die Entwicklung des Lebens von ihren Anfängen bis heute betrachten, müssen wir feststellen, daß sich das Leben seine Lebensräume schafft, daß Leben auf die Erhaltung, ja sogar auf die Ausbreitung von Leben ausgerichtet ist. Die Natur orientiert sich nicht am Aussterben von Arten. Sie orientiert sich an der Entfaltung des Lebendigen, auch wenn dafür Arten aussterben müssen. Ein ausgewogenes Verhältnis zwischen Überlebenskampf und der Dynamik des Lebendigen ist der Motor für die Vielfalt der Arten.

Das Auftreten bisher nicht vorhandener Arten aus dem Pool des Lebens wirkt dabei durch die Vernetzung mit der Umwelt auch immer auf diese zurück. Die gravierendste Umwälzung der Biosphäre in der Geschichte des Lebens vollzogen – wie wir bereits wissen – die photosynthesetreibenden Bakterien. Der Stoffwechselleistung dieser Organismen ist es zu verdanken, daß aus der reduzierenden Uratmosphäre die sauerstoffhaltige oxidierende Atmosphäre, die heute die Grundlage allen Lebens ist, entstehen konnte. Diese Rückwirkungen der Organismen auf die Umwelt schaffen also den Raum für neue Lebensformen. Leben ist nicht nur gekennzeichnet durch den Daseinskampf, Leben erhält sich selbst.

Der Daseinskampf der Arten heißt nicht: Jeder gegen jeden. Vielmehr ist die Anzahl der Freßfeinde von der Natur für jede Art so geregelt, daß diese überleben kann.

Die Kooperation in Gemeinschaften ist ein Grundprinzip der Natur. Nicht zuletzt deshalb lassen sich Beispiele für Zusammenarbeit in der

Natur ausgesprochen häufig wiederfinden. Wir begegnen ihnen bei Insekten, bei den sogenannten niederen Tieren, bei Wirbeltieren und Säugern genauso wie im Bereich des Pflanzenreiches. Ja, wir kennen selbst genügend Beispiele für die Zusammenarbeit von Tieren und Pflanzen. Das bekannteste ist vermutlich der Nektarerwerb von Insekten bei Blütenpflanzen und gleichzeitiger Übertragung der Pollen. Diese Form der Zusammenarbeit ist sowohl für das Insekt als auch für die Blütenpflanze von Vorteil. Das Insekt sichert seinen Nahrungserwerb, die Blütenpflanze ihre Fortpflanzung. Diese Zusammenarbeit schafft die Voraussetzung für eine optimale Einbindung in das System, denn der Begriff der Anpassung an die Umwelt ist – im Gegensatz zu Darwin – aus der Sicht des Gesamtsystems und nicht eines Systemteils zu definieren.

Die Biologie nennt Kooperationen, die zum gegenseitigen Nutzen für die beteiligten Arten sind, eine Symbiose. Auch wir Menschen wären ohne eine solche Symbiose nicht lebensfähig. Tagtäglich verrichten unsere Darmbakterien von uns unbemerkt ihre Arbeit. Sie produzieren einen Großteil der für uns lebenswichtigen Vitamine, während wir ihnen sozusagen Unterschlupf, also ihren Lebensraum und gleichzeitig ihre Nahrungsversorgung gewähren. Von Wettbewerb ist hier keine Spur. Weder die Bakterien noch wir fragen nach Leistung und Gegenleistung. Das ist das Erfolgsrezept.

Es ist nur allzu leicht vorstellbar, was passieren würde, wenn wir diese Kooperation unter das Paradigma unserer Philosophie der Gier, des permanenten Strebens nach einseitigen Vorteilen stellen würden. Unsere Vitaminversorgung wäre vermutlich längst zusammengebrochen.

Die Natur hat ihre Informationen, und die sind nicht auf überflüssiges Anhäufen materieller Güter ausgerichtet. Das ist der Sinn des Lebens. So können wir froh sein, daß wir mit unseren Darmbakterien nicht in Verhandlungen treten können. Wir können sie nicht von ihrer Ausrichtung auf Leben abbringen.

Die Beispiele für Artenkooperationen sind in der Natur so zahlreich, daß an dieser Stelle nur ein winziger Ausschnitt daraus wiedergeben werden kann. Daher soll aus dieser Fülle ein interessantes Beispiel für innerartliche Kooperation stellvertretend beschrieben werden: Es handelt sich um das Kooperationsmodell der Ameisen. Diese zu den sogenannten eusozialen Insekten gehörende Gattung schließt sich im Ameisenstaat zu einer überindividuellen Lebensgemeinschaft zusammen, in der jedes Individuum nur in und durch die Gemeinschaft lebensfähig ist. Der Ameisenstaat kann je nach Ameisenart sehr unterschiedlich sein. Der Staat der einheimischen Stachelameise besteht aus nur 50 Volksangehörigen. Andere Staaten, wie der der roten Waldameise, bestehen aus mehreren Millionen Artgenossen.

Die Individuen innerhalb des Staates unterscheiden sich morphologisch in bezug auf ihre Kastenzugehörigkeit. Aus befruchteten Eiern entwickeln sich die Arbeiterinnen und Königinnen, aus unbefruchteten die Männchen. Innerhalb der Lebensgemeinschaft herrscht Arbeitsteilung. Jedes Individuum richtet seine Tätigkeiten entsprechend seinen Fähigkeiten und zugeteilten Aufgaben auf den Erhalt der Gemeinschaft aus, ohne die es nicht lebensfähig wäre. Die Ameisenbeute wird von einigen Individuen aufgenommen und durch Hervorwürgen an andere Artgenossen weitergeben. So profitieren alle.

Spürt eine Ameise eine Nahrungsquelle außerhalb des Baues auf, so kehrt sie zum Bau zurück, markiert den Weg mit einem Duftsekret und alarmiert so ihre Artgenossen, die dann über diesen Duftweg Ameise für Ameise zur Nahrungsquelle pilgern. Duftstoffe bestimmen die Kommunikation der Ameisen. Auf diese Weise erhält jedes Individuum die Informationen, die es benötigt. Die Aufopferung für die Gemeinschaft zur Erhaltung des Ameisenstaates führt bei der Art Myrmeococystus sp. zu einer einmaligen Spezialisierung von Arbeiterinnen. Diese werden von anderen Arbeiterinnen so lange mit Nahrung vollgestopft, bis ihr Hinterleib zu einem großen Nahrungstopf angeschwollen ist, den sie in Notzeiten für alle anderen Artgenossen zur Verfügung stellen. Arbeiterinnen der in Sri Lanka vorkommenden Ameise Camponotus entwickelten einen erstaunlichen Verteidigungsmechanismus der Selbstaufopferung. Bei Bedrohung des Ameisenstaates kontrahieren sie den Hinterleib so stark, daß dieser platzt und die austretenden Sekrete den Feind verkleben und kampfunfähig machen. Alle Entwicklungen der Arbeitsteilung, der Kommunikation und selbst die Selbstaufopferung zur Verteidigung des Ameisenstaates sind auf den Erhalt des Ganzen gerichtet und gewährleisten in ihrer Konsequenz sein Weiterbestehen zum Nutzen aller.

Kooperationen zum gegenseitigen Nutzen kennt die Natur in großer Zahl auch zwischen verschiedenen Arten. Der bekannte Verhaltensbiologe Vitus B. Dröscher beschreibt ein solches Beispiel für zwischenartliche Symbiose aus dem Bereich der Mundhygiene: So hat sich das gefräßige Nilkrokodil mit einem kleinen kibitzartigen Vogel, dem sogenannten Krokodilwächter zusammengeschlossen. Dieser kleine Vogel tut, was für andere den sicheren Tod bedeuten würde. Er begibt sich in das Maul des riesigen Reptils, pickt Fleischreste zwischen den Zähnen heraus und befreit die Krokodilszunge von lästigen Blutegeln. Dabei kann er sicher sein, daß er diesen Schlund immer lebend und unversehrt verlassen wird. Die Panzerechse geht mit ihrem Reinigungspersonal sorgsam um. Wenn es jedoch einmal passiert, daß das Krokodil vor Ende der Grundreinigung das Maul schließen möchte, so schüttelt es kurz mit seinem Kopf, und der Vogel kommt gleich darauf zum Vorschein, um bei einem anderen Beschützer und Versorger weiterzuarbeiten.

An diesem Beispiel wird deutlich, daß das Prinzip der Zusammenarbeit, mag es auch noch so unkonventionell erscheinen, neue, bisher unerschlossene Lebensräume und -möglichkeiten schafft. Es ist ein wichtiges Erfolgsrezept für die Entfaltung des Lebendigen. Erst das brutale Konkurrenzdenken des Menschen hat dazu geführt, daß mögliche Kooperationspartner (Symbionten) des Homo sapiens ausgerottet werden, bevor deren Nutzen für ihn erkennbar sind.

Er ist es gewohnt, aus dem Monokel dieser eingeschränkten Sicht sein Leben zu gestalten und die Wirklichkeit zu ignorieren. Doch sie läßt sich nicht von einer begrenzten Weltsicht beeindrucken. Sie geht Gemeinschaften ein, die jedem der Beteiligten das Leben garantieren. Sie einigt sich darauf, daß jeder das bekommt, was er zum Leben braucht.

Das sind die Joint Ventures der Natur: höhere Chancen des Überlebens für die Partner. Sie zeigt uns diesen Weg des Wirtschaftens, den Weg der Kommunikation und Zusammenarbeit nicht nur innerhalb der

Branchen, sondern auch zwischen den Branchen. Konzepte der Kommunikation und Kooperation existieren in unserer Wirtschaft kaum, denn sie setzt vorrangig auf den Wettbewerb.

Ein Anbieter verfügt nur über begrenzte Möglichkeiten, sich Informationen über geplante Vorhaben der Konkurrenz zu verschaffen. Daher sind nach Woll (1974) Unsicherheit und Ungewißheit Merkmale eines „funktionierenden" Marktes. Ark (1963) geht davon aus, daß Wettbewerbsphänomene realistischerweise nicht mit Vorstellungen von Gleichgewicht in Einklang zu bringen sind. Das bedeutet jedoch nichts anderes, als daß unsere Wirtschaft nicht auf der Grundlage der Naturprinzipien aufgebaut ist, die durch Kommunikation der Einzelglieder und deren Zusammenwirken eine stabile Gleichgewichtslage erhalten und damit ihr Fortbestehen gewährleisten. Unser Wirtschaftssystem arbeitet unter isolierter betriebswirtschaftlicher Betrachtung und damit mit der Zurückhaltung von Informationen. Diese Geheimhaltungspraxis macht den Gegenüber zum potentiellen Konkurrenten.

3.8 Die Eliminierung umweltverschmutzender Unternehmen

Die Evolutionsprozesse in der Natur, die zu ihrer Vielfältigkeit und Stabilität führen, sind auch durch das Aussterben von Arten begleitet. Zwar ist das Artensterben weder das zentrale Charakteristikum natürlicher Systeme, noch ist es Ausdruck der Grausamkeit oder eines unbarmherzigen Überlebenskampf in der Natur. Da sich das Aussterben von Arten in der Natur jedoch immer wieder abgespielt hat, hat es dennoch innerhalb der Entwicklung der natürlichen Systeme eine sinnvolle Bedeutung. Arten sterben nur dann aus − sehen wir einmal von der durch Menschenhand verursachten Zerstörung der Lebensräume ab − wenn die Lebenskapazität eines Lebensraum bereits durch andere Arten ausgefüllt ist oder wenn sie sich in dem Prozeß des ständigen Wandels nicht mehr in die veränderten ökologischen Systeme integrieren können.

Der Tod ist die Begrenzung des Lebens, er schafft damit Raum für anderes Leben. Eine Begrenzung, die den Wert und die Würde des Lebens erst möglich macht. Wir sollten das Leben achten, wie es die Natur macht. Und wir sollten den Tod als das akzeptieren, was er ist; das Ende des Lebens.

Wir sind gewöhnt, die Qualität des Lebens an seiner Quantität, an Lebensjahren zu messen, und verkennen damit die Schönheit des Augenblicks. Wir verkennen das Leben und unsere Teilhabe am Leben. Das ist unser Irrtum. Doch auch ein Individuum einer ausgestorbenen Art hat sein Leben gelebt. Das klingt zunächst banal, ist es aber nicht. Ob ein Dinosaurier erst ab seinem hundertsten Lebensjahr glücklich war oder ob ein Archyopterix sein Leben lang darüber unglücklich war, daß er nicht schwimmen konnte, und deshalb aussterben wollte? Der Tod beendet das Leben eines einzelnen Organismus genauso wie das Weiterleben einer ganzen Art. Wenn wir das Leben achten wollen, müssen wir auch den Tod achten.

Die Natur kennt keine Lebensverachtung. Kein Tier tötet um des Tötens willen. Wir kennen nur eine Species, die auf diese Weise die Verachtung des Lebens zum Ausdruck bringt. Ein Tier ist nicht auf Töten abgerichtet. Es tötet allenfalls, um zu leben. Kein Raubtier verhält sich so ungehemmt aggressiv wie der Mensch. Nach der Mahlzeit eines Löwenrudels etwa können Zebras und andere Savannentiere in unmittelbarer Nähe grasen, ohne einen Angriff befürchten zu müssen.

Das Aussterben einer Art ist der letzte Ausweg der Natur in ihrem Streben nach Erhaltung von Leben. Erst wenn die Lebensräume mit Leben erfüllt sind, wenn zwei Arten die gleichen Lebensräume mit gleichen Ansprüchen besiedeln, wenn die Lebensräume an die Grenzen ihrer Aufnahmekapazität stoßen, wird eine dieser Arten aussterben müssen. Die Natur vermeidet damit, daß dieser Lebensraum zerstört wird und somit keine dieser beiden Arten weiter existieren könnte.

Artensterben bietet somit den Raum für Nachfolgearten (Artenwandel). An das grenzenlose Wachstum der Erdbevölkerung sei hier erinnert. Die Natur ist auf Leben ausgerichtet, auch wenn der Tod dazugehört. Umweltveränderungen erschließen immer neue Möglichkeiten der Evolution, neue Lebensräume für bislang nicht verwirklichte Lebensformen. Das Leben zeugt sich selbst. Hier schließt sich eine zweite Möglichkeit für das Aussterben einer Art an. Wenn ihre „Lebensphilosophie" sich nicht diesen Veränderungen der Umweltbedingungen anpassen kann, wenn ihr biologisches Konzept überaltert ist, zu einer Gefährdung des ökologischen Gesamtsystems und damit zu einer Bedrohung für anderes Leben geworden ist, muß diese Art zugunsten der Erhaltung anderen Lebens aussterben.

Das Artensterben ist also keine Kooperation mit dem Tod. Es ist eine Kooperation mit dem Lebendigen.

Auch der Mensch kann eine solche Art sein. Ein Zerstörer ist er zweifelsohne schon. Er kann mit der Natur kooperieren, indem er sich von ihr belehren läßt. Er kann mit ihr konkurrieren, indem er sie blind weiter zerstört, sich selbst dabei vernichtet und so den Raum für andere Lebensformen freimacht.

Aus der Sicht der Natur ist das gleichgültig. Sie wird in jedem Falle überleben.

So ist der Wettbewerb und das Konkurrenzprinzip nicht der Garant für erfolgreiches Wirtschaften, wie wir häufig zu glauben meinen. Er ist Ausdruck und Konsequenz der Überbevölkerung, der Sättigung der Märkte, der Begrenzung des Systems Marktwirtschaft, die wir so gerne ignorieren und die wir durch die Erschließung weiterer Märkte zu umgehen suchen. Konkurrenz findet deshalb statt, weil unsere aufgeblähten künstlichen Systeme nicht die Möglichkeiten der natürlichen Selbstregulation beherrschen, nämlich des Gesundschrumpfens auf ein vernünftiges Maß. Das Konkurrenzprinzip ist das Verhalten eines Systems, das im ständigen Grenzbereich der Belastbarkeit steht.

Was in der Natur also die Ausnahme darstellt, wird in der Wirtschaft zu einem systemimmanenten Prinzip. Es ist Ausdruck für ein System, das sich in einem ständigen Daseinskampf befindet.

Die Verarmung und Zerstörung der natürlichen Lebensgrundlagen macht mittlerweile auch die Lebensräume des Menschen eng. Wir leben bereits in einem der am dichtesten besiedelten Länder der Erde und verkleinern und zerschneiden unsere Lebensräume zusätzlich durch ein immer dichteres Netz von künstlichen Systemen, von Straßen, von Siedlungs- und Industrieräumen. Auch wir befinden uns bereits in Konkurrenz um unsere Lebensräume.

Das Bedürfnis nach ausreichendem Lebensraum können unsere Großstädte nicht befriedigen. Sie sind heute weit mehr auf die Anforderungen des Autoverkehrs und seiner Schnellebigkeit zugeschnitten als auf die Bedürfnisse der Menschen. Ihre Bewohner müssen auf die Naherholungsgebiete ausweichen und finden auch diese überfüllt.

Hochspezialisierte Arten sind nicht mehr oder nur bedingt in der Lage, ökologische Alternativen zu nutzen. Denken wir an den Pandabär, der allein Bambus als Nahrungsquelle nutzen und nicht auf andere Nahrungsquellen umsteigen kann. Er ist auf eine „bambusreiche" Umwelt angewiesen. Denken wir an die sogenannten Kulturfolger, an die uns so verhaßte Ratte oder an Tauben und Möwen: sie alle finden in einer vom Menschen tiefgreifend veränderten Umwelt ein Schlaraffenland vor. Sie sind so wenig spezialisiert, daß sie sich selbst noch vom „Dreck" der Species Mensch ernähren können; wenn auch zum Nachteil anderer Arten, die dem Menschen weichen müssen.

So greift der Mensch in die Schöpfung ein. Schafft eine künstliche Umwelt der Monokulturen, indem er Lebensräume zerstört, seine Kulturlandschaften zum Maß aller Dinge erhebt, Tiere zu Schädlingen, zu Un-geziefer deklariert und sie – direkt durch Tötungsgifte oder indirekt durch Entzug ihrer Lebensgrundlagen – zum Aussterben verurteilt. So versucht der Mensch, eine künstliche und lebensarme Industrielandschaft, die wir Wohlstands- oder Überflussgesellschaft nennen, wider besseres Wissen und gegen alle Regeln der Vernunft auf Kosten der natürlichen Lebensräume zu behaupten.

Wir können unser Wirtschaftssystem auf Dauer nicht auf Kosten und durch Ausbeutung der Lebensressourcen aufrechterhalten. Alle unsere künstlichen Systeme stehen in Abhängigkeit des natürlichen Systems Umwelt. Die Leugnung dieser Lebensregel gleicht einer Ohrfeige an das Leben. Sie will festhalten an der Illusion der Beherrschbarkeit. Natürliche Systeme eliminieren durch Selbstregulation die Störquelle und erhalten sich so am Leben. Das ist das Artensterben in der Natur. So haben wir nur die Chance, uns von der Natur belehren zu lassen.

Und die Natur gibt uns ihre Antwort. Die Antwort lautet, daß diejenigen Wirtschaftsbereiche, die das System des Lebendigen gefährden, geopfert werden müssen.

Nur so kann der Lebensraum für das Leben und damit eben auch für die Wirtschaft erhalten werden. Nur so kann die Störquelle des Systems Umwelt beseitigt werden. Die Frage von Niedergang und Aufstieg reduziert sich somit auf zwei Möglichkeiten: Fortsetzung des ruinösen Wirtschaftens in fatalistischer Ergebenheit und ignoranter Abweisung jeglicher Verantwortung. Oder lernen von der Natur durch Verzicht auf die Produktionszweige und Unternehmen, die den Untergang maßgeblich herbeiführen.

3.9 Die neue Unternehmensführung

Die Natur arbeitet nach dem Ökonomieprinzip. Mit einem Minimum an Aufwand wird ein maximaler Arbeitsertrag erzielt. Dazu ist es notwendig, daß jedes Individuum in einer Gemeinschaft entsprechend seinen Fähigkeiten und Möglichkeiten gefördert und eingesetzt wird. So erhält jeder den Raum, den er am besten ausfüllen kann und wird in die Lage versetzt, seinen Beitrag zur Erhaltung der Gemeinschaft leisten zu können. Vorhandene Potentiale werden optimal genutzt. Im Unterschied zum Menschen kennt die Natur jedoch keine Klassifizierung in höhere und niedrige Tätigkeiten und keine moralische Bewertung des Individuums nach Art und Umfang seiner Leistungen. Jeder tut eben das, was er kann, und jeder hat damit seine speziellen und für die Gemeinschaft lebenswichtigen Aufgaben. Die Natur fordert uns daher zu einem Umgang gegenseitiger Wertschätzung mit Mitarbeitern, Kollegen und Geschäftspartnern auf.

Die Auffassung vom Überleben des Tüchtigsten, des Fressens und Gefressenwerdens bestimmt heute noch weitgehend unser Denken und Handeln und findet ihre Entsprechung in hierarchischen Strukturen vieler Lebensbereiche. Familien haben ein Familienoberhaupt, Vereine einen Vorstand und Unternehmungen eine Unternehmensleitung. Entscheidungen der Gemeinschaft werden oft nicht gemeinsam diskutiert und gemeinsam getroffen, sondern von einem oder wenigen „Auserwählten" durchgezogen. In vielen Fällen bestimmen weder Eignung noch Vertrauenswürdigkeit die Erwählung zum Chef, sondern, Standesdünkel oder Geschlecht. Das grundlegende Prinzip der Natur hingegen ist das der Zusammenarbeit in Gleichberechtigung zwischen den verschiedenen Arten und auch zwischen den Vertretern einer Art.

Dabei hat die Natur die vielfältigsten Kooperationsformen entwickelt. Wir aber glauben noch immer im Wolf die reißerische Bestie, in der Schlange den giftspritzenden Dämon oder im Löwen das mörderische Raubtier zu erkennen. Die moderne Verhaltensforschung hat diese Annahmen längst widerlegt. Im Wolfsrudel tritt das Leittier seinen Artgenossen stets wohlgesonnen gegenüber. Seine Aufgabe ist es, das Rudel zusammenzuhalten, indem es die Regeln der Gemeinschaft organisiert. Bei Störungen greift es im Interesse der Gemeinschaft regulierend ein. Bei Auseinandersetzungen zweier Artgenossen schlichtet er den Streit. Dabei geht es keineswegs knurrend und zähnefletschend vor. Würde es das tun, so würde im Rudel Mord und Totschlag ausbrechen, und keiner hätte eine Überlebenschane. Vielmehr verwickelt es den stärkeren von beiden in einen spielerischen Scheinkampf. So löst sich die für die Gemeinschaftt gefährliche Beißerei in Wohlgefallen auf.

Nur bei schweren Verstößen gegen die Wolfsregeln, etwa bei verbotenen Seitenprüngen eines Wolfsrüden, wird schon einmal eine deutliche Sprache gesprochen. In Notzeiten hat das Leittier gewisse Spezialaufgaben zu verrichten. Es muß die ausreichende Ernährung sicherstellen. Dazu läßt es das Rudel an einem geschützten Platz zurück und streift auf der Suche nach Beutetieren allein umher. Das Leittier sorgt für die Mittel, die das Umternehmen Wolfsrudel zum Leben braucht. Den weisungsbefugten Chef gibt es jedoch nicht. Vielmehr hat jeder Wolf im Rudel seine Aufgaben, für die er am besten geeignet ist. Das gilt auch für den Boss.

Ob auf seine Vorschläge eingegangen wird, bestimmt er nicht allein, sondern die Gemeinschaft mit ihren Experten in den verschiedenen Funktionen der Unternehmung. Kommt es zu schwerwiegenden Verstößen oder Fehlentscheiungen, muß das Leittier seine Koffer packen. Seine Tage sind gezählt. Er wird entlassen und muß den Rest seiner Tage als Einzelgänger in der Wildnis fristen.

So kennt das Wolfsrudel kein besser oder schlechter, kein oben oder unten. Der Chef ist einer unter allen, und er ist nicht zum Chef geworden, weil er karriere- oder machthungrig ist, sondern weil er sich für die Aufgabe, die Lebensgemeinschaft Rudel zu erhalten, als der Geeignetste erwiesen hat.

Der Leitrüde benötigt das einstimmige Vertrauen seiner Artgenossen. Das ist das Emanzipationsmodell der Natur. Dieses Modell erkennt den Wert allen Lebens und seine Wirkungen. Erst die anthropogene, durch hierarchisches Denken angefärbte Sicht weist den Chef als Besseren aus. Sie enthebt ihn aus der Gemeinschaft.

So bleibt die Forderung nach Arbeitsbedingungen, die den Bedürfnissen des Menschen nach Kommunikation entsprechen und ihm die Möglichkeit zur verantwortungsvollen und weitgehend selbstbestimmten Durchführung seiner Arbeit lassen. Nur auf diese Weise ist die Motivation eines Mitarbeiter sichergestellt, indem er sich als aktiver, schaffender Teil in der Gemeinschaft Unternehmung begreifen und sein Kreativ- und Fähigkeitspotential nutzbar einbringen kann.

3.10 Die Lösung des Abfallproblems

Die Natur offenbart uns die Möglichkeiten eines organischen Wirtschaftens in der Herstellung und Wiederverwendung von Stoffen in geschlossenen Kreisläufen, ohne Abfall zu produzieren. Sie ist ein Musterbeispiel ökonomischen und systemerhaltenden Wirtschaftens und damit eine wahre Fundgrube, um neue Modelle für unsere Wirtschaft zu entwerfen. Eine solche Superfabrik ist jedoch an vernetzte, kleinräumige Strukturen, an Kommunikation und Zusammenarbeit ihrer Mitglieder gebunden. Der Weg zu einem ähnlich erfolgreichen Wirtschaften erfordert daher die Bereitschaft, die Organisation biologischer Strukturen so weit wie möglich zu kopieren. Wir werden von der Wachstumsideologie Abschied nehmen und Verfahren der Mehrfachnutzung und Multifunktionalität entwickeln müssen, so wie es uns die Natur vorbildlich zeigt.

Für die umfassendste Organisationsstufe in der Natur verwenden wir den Begriff Biosphäre. Dieser wurde von dem französischen Naturforscher *Lamarck* im 19. Jahrhundert eingeführt. Er verstand darunter die Gesamtheit aller lebenden Organismen auf der Erde. Dabei stehen alle Formen des Lebens miteinander in vernetzten Wirkungszusammenhängen. Weder kann tierisches Leben ohne Pflanzen überleben, da diese über die Photosynthese das lebenswichtige Dioxid produzieren, noch können Pflanzen langfristig ohne Tiere existieren, da tierische Organismen die pflanzlichen mit Kohlendioxid (CO_2), dem Grundstoff der Photosynthese, versorgen. Die Photosyntheseleistung der Pflanzen würde innerhalb weniger Jahre der Atmosphäre das gesamte CO_2 entziehen, wenn das Kohlendioxid nicht durch die Atmung der Tiere und anderer Pflanzenkonsumenten der Atmosphäre zurückgegeben würde.

93 Prozent des Gewichtes eines Baumes sind aus dem Kohlendioxid entstanden, den die Pflanze während ihres Wachstums durch Photosynthese der Atmosphäre entzogen hat. Durch die Verbrennung fossiler Brennstoffe, bei der der im organischen Pflanzenmaterial gebundene Kohlenstoff in Form von Kohlendioxid frei wird, greift der Mensch heute tiefgreifend in diesen Kreislauf ein. Er bedroht das Stoffgleichgewicht von im organischen Material gebundenen und freiem Kohlendioxid. Die Folge ist eine enorme Verschiebung der Gleichgewichtslage zugunsten des freien CO_2, die durch großflächige Abholzung der CO_2-bindenden Pflanzen weiter unterstützt wird.

In den letzten 250 Jahren ist der Anteil des Kohlendioxids in der atmosphärischen Luft um etwa 40 Prozent auf 350 ppm (parts per millionen) angestiegen und erreicht damit eine Rekordmarke in den letzten 160 000 Jahren. Das Kohlendioxid ist neben anderen Stoffen, wie Methan und den FCKWs, zu etwa 50 Prozent am sogenannten Treibhauseffekt beteiligt, in dessen Folge die durchschnittlichen Temperaturen in den letzten 110 Jahren um 0,9 Grad angestiegen sind. Diese scheinbar minimale Temperaturerhöhung hat schon heute dazu geführt, daß durch Schmelzwasser der Meeresspiegel um 20 Zentimeter höher liegt als zur Zeit der Jahrhundertwende. Ein weiterer Anstieg des CO_2-Gehalts der Atmosphäre ist selbst bei sofortigem Stopp der Verbrennung fossiler Brennstoffe nicht mehr aufzuhalten.

Ein Großteil dieser tiefgreifenden Veränderungen der natürlichen Stoffkreisläufe und damit auch unserer Lebensbedingungen wird durch den Energiebedarf unseres Wirtschaftens sowie die hohen Ansprüche an unsere Mobilität verursacht. Ohne diese Eingriffe des Menschen stehen die natürlichen Kreisläufe der Biospäre in einer stabilen Gleichgewichtslage und gewährleisten dadurch eine relative Konstanz der Umweltbedingungen (biologisches Gleichgewicht). Die für den Kreislaufprozeß entscheidenden Organismen sind die grünen Pflanzen, die wir aufgrund der Produktion organischer Substanzen auch Primärproduzenten nennen. Sie produzieren – quasi nebenbei – 99,9998 Prozent unseres gesamten Energiegewinns.

Die Dimensionen ihres Stoffumsatzes sind beeindruckend. Sie produzieren jährlich 200 000 000 000 000 Kilogramm organisches Material, 100 000 000 000 000 Kilogramm Sauerstoff und verarbeiten auch noch einige Milliarden Tonnen an Schwer- und Leichtmetallen. Auf diese Weise hat die Biospäre bis heute insgesamt 5×10^{19} Tonnen Kohlenstoff umgesetzt. Das entspricht dem 800 000 fachen des Kohlenstoffgehalts der Biospäre.

Jeder heute lebende Mensch hat 500 Milliarden Kohlenstoffatome in sich, die bereits im Organismus eines anderen Menschen enthalten waren. Vom Lebenselexier, dem Wasser, verwendete die Biosphäre bislang 10^{23} Tonnen. Die Gesamtmenge des verfügbaren Wassers liegt dagegen bei 17 x 10^{18} t. Das bedeutet, daß die gesamte Wassermenge unseres Planeten bisher schon fast 50 000mal von Organismen aufgenommen wurde, als Pflanzensaft oder Körperflüssigkeit umgewälzt und als Wasserdampf oder Urin wieder ausgeschieden wurde.

Dieses Wasser ist auch heute noch genauso rein wie vor Milliarden Jahren. Die Begrenztheit der Natur erfordert also die Mehrfachnutzung der Stoffe, und daher nutzt die Natur ihre Ressourcen in perfekter Ökonomie.

Sie kennt weder Rohstoff- noch Abfallprobleme. Das biologische System ist eine wahre Fundgrube für technische Vorgänge, für energiesparende Maßnahmen und elegante Kombinationen einer optimalen Energie- und Rohstoffnutzung. Ein Vorbild rationellen und ökonomischen Wirtschaftens.

Ein Großteil der organischen Substrate der Primärproduzenten und der darin gespeicherten chemischen Energie steht den sogenannten Konsumenten ersten Grades zur Verfügung. Das sind alle Organismen, die sich direkt von Pflanzen ernähren. Zu diesen gehören alle pflanzenfressenden Tiere (Herbivoren) und Pilze. Von den Pflanzenfressern profitieren wiederum die Konsumenten zweiten und höheren Grades, zu denen alle fleischfressenden Organismen gerechnet werden. Den Kreislauf der Stoffe und der Energie schließen die verschiedenartigsten Mikroorganismen, die organisches Material wieder in ihre anorganischen Grundstoffe zerlegen und diese für die grünen Pflanzen dadurch wieder verfügbar machen. Man nennt diese Organismen fälschlicherweise Destruenten, obwohl sie im Sinne des Systems Biosphäre keineswegs Zerstörer sind, sondern Weiterverwerter und Zulieferer anorganischer Stoffe und damit ein wichtiges Glied in der Kette des Stoffkreislaufes.

Die Biosphäre ist also charakterisiert durch den geschlossenen Kreislauf der Stoffe. Sie kennt daher keinen „Abfall". Die Stoffe werden chemisch umgewandelt und zum Aufbau des Organismus in Form einer bestimmten organischen Zusammensetzung als Grundbaustein konserviert, um dann aber wieder abgebaut und in den Kreislauf der

Natur übergeben zu werden. Alle organischen Produkte werden auf diese Weise früher oder später in die anorganische Form zurückgeführt (remineralisiert), was sie für andere Organismen, speziell für Primärproduzenten, wieder nutzbar macht. Dieses System des geschlossenen Kreislaufs wird von allen Systemebenen getragen.

So werden etwa in der Zelle zur Energiegewinnung Zuckermoleküle über zahlreiche Zwischenschritte zu Milchsäure und Pyruvat oxidiert und letztlich bis zu Kohlendioxid und Wasser, also zu Verbindungen, die nur noch einen sehr geringen Energiegehalt besitzen, abgebaut. Andere Stoffwechselabbauprodukte, in denen Stoffe gebunden sind, die aus dem Abbau von Zellmaterial entstehen und die für diesen Organismus nicht mehr weiterverwertbar sind, werden zunächst in eine für den Organismus verträgliche Form überführt und danach ausgeschieden. Die Harnsäure ist hierfür ein gutes Beispiel. Doch auch diese Formen sind keineswegs Abfallprodukte. In einer Kooperation artfremder Branchen werden diese von Bakterien und Mikroorganismen aufgenommen und enzymatisch zu einfachen anorganischen Verbindungen umgewandelt, die dann wiederum den Pflanzen zur Verfügung stehen. Jeder Organismus ist daher eine Fabrik mit hervorragender Energieausbeute ohne Abfallproblem. Sie alle sind am Stoffumsatz beteiligt. Sie alle sind wichtige Glieder im Gefüge der belebten Natur. Sie alle bringen ihren Stoff- und Energieeintrag in ihren Lebensraum und erhalten ihn dadurch, auch wenn wir sie Schädlinge oder Ungeziefer nennen.

Ausscheidungsprodukte werden von anderen Spezialisten übernommen und bleiben damit dem Stoffkreislauf erhalten. Eines dieser zahllosen Beispiele der zwischenartlichen Kooperation ist die Symbiose von Ameise und Blattlaus: Diese haben sich in ihrem arttypischen Lebensraum, ihrem Biotop, zu einer Versorgungsgemeinschaft zusammengeschlossen. Ohne die Ameise sind die Blattläuse nahezu schutzlos ihren Freßfeinden, den Florfliegen, Marienkäfern und anderen Insekten ausgeliefert. Doch die wehrhafte Anwesenheit der Ameisen vertreibt diese Feinde, so daß die Blattläuse ungestört und ungefährdet ihren Tätigkeiten nachgehen können.

Sie haben es auf die süßen, zuckerhaltigen Pflanzensäfte abgesehen, die sie durch Anzapfen der pflanzlichen Leitungsbahnen aufsaugen. Ihr eigentliches Interesse gilt dabei jedoch nicht dem Zucker, sondern dem Stickstoff, der in geringer Konzentration ebenfalls im Pflanzensaft enthalten ist. Zur Deckung ihres Stickstoffbedarfs saugen sie deshalb Pflanzensaft im Überfluß, so daß sie den Anteil des aufgenommenen Zuckers, den sie selbst nicht mehr verwerten können, als sogenannten Honigtau wieder ausscheiden. Diese Mengen der klebrigen Flüssigkeit können den Pflanzensaugern durchaus gefährlich werden. Sie können an ihrem eigenen Kot verkleben oder an der Pflanze festhaften – wenn da nicht die gefräßigen Ameisen wären.

Die Blattlauskolonie ist für sie ein Schlaraffenland. Hier gibt es den begehrten süßen Pflanzensaft zum Nulltarif. Er ist eine Delikatesse auf der Speisekarte der Ameisen, denn sie selbst können sich diesen Genuß nicht verschaffen – ihnen fehlen die entsprechenden Mundwerkzeuge. So betätigen sie sich als Müllabfuhr der Blattläuse, befreien sie von überschüssigem Pflanzensaft und verschrecken und vertreiben dabei die blattlausfressenden Insekten. Kooperation zum gegenseitigen Nutzen und als Beitrag zur Lösung der Abfallfrage.

Die Natur verwirklicht immer und auf jeder Systemebene das Prinzip der Mehrfachnutzung. Sie produziert nichts, was nicht weiterverwertbar ist. Das wäre pure Verschwendung von Ressourcen und Energie. Ein fragwürdiger Luxus, den sich nur der Mensch zu leisten anmaßt.

Der Stoffkreislauf der Natur unterscheidet sich als Prinzip der Mehrfachnutzung grundsätzlich von den konsumptiven und produktiven Stoffverwertungen der technischen Zivilisation. Zwangsläufig kann der komplette Stoffbedarf des ökonomischen Systems nur durch Ressourcenentzug aus dem Reservoir des ökologischen System gedeckt werden. Das ist die einzige Stoffquelle, die den Menschen zur Verfügung steht, und er hat diese jahrtausendelang zur Deckung seiner Lebensbedürfnisse nutzen können. Er lebte von den Zinsen der Natur. Die Kulturen der Jäger und Sammler und andere nomadische Lebensformen erhoben keinen Anspruch auf Besitz der Lebensressourcen. Wenn die Ressourcen des Lebensraumes aufgebraucht waren, zogen sie weiter und gaben damit der Natur zugleich die Möglichkeit, das Gleichgewicht der Stoffe wieder herzustellen. Erst mit dem Beginn der Seßhaftigkeit entstand die Mentalität des „Haben-Wollens". Nahrungsmittel wurden angehäuft, Boden in Besitz genommen und Lebensräume über ihre Regenerationsgrenzen hinaus beansprucht.

Damit wurde das Prinzip der Bedarfsdeckung erstmalig und bis heute andauernd aufgegeben. So wurde auch der würdevolle Umgang mit der Natur geopfert und der „Reichtum" an Besitz zum Wertmaßstab der Menschen.

Dieser Hunger nach materiellen Bedürfnissen hält bis heute an. Unsere Gesellschaft setzt noch immer und trotz ihres materiellen Wohlstands auf mehr Konsum. Materielle Güter werden weit über den eigentlichen Bedarf angehäuft, ihres eigentlichen Zweckes entfremdet und als Prestigesymbole eingesetzt. Wer mehr besitzt, wer sich mehr und Teureres leisten kann, der ist der bessere Mensch.

Mit jedem Produktionsprozeß und mit jeder Steigerung der konsumtiven Ansprüche entnehmen wir der Natur einen Teil ihrer Energie- und Materialressourcen, die zum goßem Teil dem Kreislauf des Lebendigen dann nicht mehr zur Verfügung stehen. Damit schwächen wir die Produktivität und das Gleichgewicht des Systems Biosphäre und sind längst dabei, die Natur ausbluten zu lassen. Ein Großteil des Materialeinsatzes für Produktion und Konsum geht in Form von Produkt- bzw. Produktionsabfällen sowie in Form der verschiedensten Schadstoffe direkt für den ökologischen Kreislauf verloren.

Wir entnehmen dem System Biosphäre jedoch nicht nur diese Ressourcen, sondern belasten es obendrein dadurch, daß wir sie in Form der verschiedensten Umweltgifte als Abwasser, Abluft und Abfall zurückschleusen. Allein in der Bundesrepublik fallen jährlich 250 Millionen Tonnen Abfall an, von denen fast 13 Millionen Tonnen umwelt- und gesundheitsgefährdender Sondermüll ist.

Das Abfallaufkommen und die Schadstoffemissionen in Boden, Luft und Wasser sind mittlerweile schon so stark angestiegen, daß sie von unserer Umwelt allein aufgrund ihrer Menge nicht mehr ökologisch abgebaut werden können. Durch diesen schleichenden Belastungs- und Vergiftungsprozeß ist heute die für natürliche Systeme charakteristische Pufferkapazität der Umwelt erschöpft und die Selbstregenerationsfähigkeit des ökologischen Systems eingeschränkt.

Diese Schwächung des Systems Umwelt führt zu einer weiteren Behinderung der Abbauprozesse von Schadstoffen und setzt dadurch eine Spirale möglicher Umweltveränderungen in Gang. Die Bilanzierung der ökologischen Schäden, die mittlerweile in allen Lebensbereichen sichtbar werden, vermittelt einen Eindruck, um welchen Preis wir tagtäglich unsere Autos starten, die Heizung aufdrehen und uns unserer Abfälle entledigen.

Nach seriösen und zurückhaltenden Schätzungen von Professor Lutz Wicke werden die in der Bundesrepublik monetär meßbaren Schäden durch die Verschmutzung von Boden, Luft und Wasser, durch Lärm und Gesundheitsschäden auf jährlich 103,5 Milliarden DM geschätzt.

Dem standen 1987 Umweltschutzaufwendungen von Staat und Industrie in Höhe von 32 Milliarden DM gegenüber. In Anbetracht der gigantischen Umweltschäden erscheint diese Anstrengung nicht mehr als ein Tropfen auf den heißen Stein. Weitere beträchtliche Zusatzaufwendungen allein für Reparaturdienste im Umweltschutz werden in den nächsten Jahren erforderlich sein. Beispielsweise wird die Sanierung der 70 000 Altlasten in der Bundesrepublik Sanierungskosten bis zu 100 Milliarden DM verschlingen. Für die Instandsetzung der schadhaften Kanalnetze werden noch einmal 50 Milliarden DM aufgebracht werden müssen.

Allein Reparaturdienste werden jedoch unsere Umwelt nicht retten können. Wir werden Güter, Produkte und Dienstleistungen nach ihrem tatsächlichen Preis für die Umwelt abrechnen müssen. Hersteller und Verbraucher müssen als Verursacher von Allgemeinkosten für die Umwelt diese selber tragen.

Erst dann erhält unsere Umwelt den Stellenwert, der ihr zusteht, erst dann wird die Abkehr von umweltschädlichen Produktionsverfahren nachhaltig forciert und gesamtwirtschaftliche Fehlentwicklungen zu ungunsten der Umwelt behoben.

Denn die Ökologie ist nicht das Ende der Industrie und zu guter Letzt noch nicht einmal ein Gegensatz zu ihr. Sie ist vielmehr Schicksal und Chance der Industrie.

3.11 Wirtschaft und Industrie

Die gesamte Energie, die die Lebensprozesse speist und aufrechterhält, entstammt der Sonne. Diese Energiezentrale steht auch dem Menschen kostenlos zur Nutzung bereit. Aufgrund des Ignoranz natürlicher Kreisläufe und fragwürdiger Kosten-Nutzen-Relationen verzichten wir jedoch weitgehend auf diesen Energieträger und verpuffen in den Industrieprozessen die biologischen Energiereserven der fossilen Brennstoffe. Wir leben von der Substanz der Erde und beuten sie dennoch weiter aus, ohne uns um die Folgen zu kümmern. Auch hier zeigt uns die Natur den Weg zu einem vernünftigen Energiemanagement.

Neben dem Austausch von chemischen Elementen und Verbindungen ist der Energieumsatz zwischen den Gliedern der Lebensgemeinschaften ein weiteres wichtiges Kriterium der Lebensprinzipien des Ökosystems Erde. Dabei stammt die aufgenommene und umgesetzte Energie ausschließlich aus den Kernfusionen der Sonne. Das Leben kann sich erhalten, wachsen, vermehren und ausdehnen. Die Sonnenenergie setzt den Kreislauf der Verdunstung und der Kondensation des Wassers in Gang, erzeugt die Wasser- und Luftströmungen und bestimmt über ihren Einfluß auf das übrige Klima- und Wettergeschehen einen Großteil der natürlichen Lebensbedingungen.

Zur Nutzung dieses gigantischen Energiereservoir für den Stoffwechsel der Organismen hat die belebte Natur das Prinzip der Sonnenkollektoren entwickelt. Die Pflanzen enthalten in den Zellen ihrer grünen Pflanzenteile Zellorganellen, die wir Chloroplasten nennen. Diese sind mit einer Pigmentgarnitur ausgestattet, zu denen auch die Chlorophylle gehören. Mit Hilfe dieser Pflanzenfarbstoffe sind die Pflanzen in der Lage, einen Teil der Sonnenstrahlung zu absorbieren und die Strahlungsenergie zum Aufbau organischer Verbindungen zu nutzen. Diesen Vorgang der Solarenergieerzeugung bezeichnen wir als Photosynthese. Sie macht die grünen Pflanzen zur Quelle der komplexen organischen Verbindungen in der Natur.

Die Photosynthese ist somit die Voraussetzung allen Lebens auf der Erde, denn die Primärproduzenten sind direkt oder indirekt wiederum die Nahrungs- und Energiequelle der meisten anderen Organismen. Auch unsere fossilen Brennstoffe wie Kohle, Erdöl und Erdgas sind aus Pflanzenmaterial, das sich im Laufe der Lebensgeschichte der Erde durch Photosynthese aufgebaut hat, entstanden. Obwohl die Natur nur 0,4 Prozent der einfallenden Sonnenstrahlung zur Photosynthese nutzt (der übrige Teil wird durch die Wolken reflektiert bzw. von der Atmospäre und der Erde absorbiert und wieder abgestrahlt) werden auch heute auf diese Weise alljährlich 1000 bis 2000 Milliarden Tonnen Biomasse und damit gigantische Mengen verwertbarer Energie produziert. Hier steht dem Menschen ein bislang kaum genutztes riesiges Potential an Energie kostenlos zur Verfügung.

Tag für Tag fällt Sonnenstrahlung mit einem Energiegehalt von 4,2 Milliarden Kilowattstunden auf die Erde. Bei der Nutzung dieser Sonnenstrahlung würde die Energiegesamtbilanz lediglich einen kleinen Umweg gehen. Anstatt von der Erdoberfläche direkt wieder als Wärme in den Weltraum abgestrahlt zu werden, würde sie über die Zwischenstufen von Heizwärme, mechanischer, elektrischer oder chemischer Energie letztlich wie alle Energie doch wieder in Wärme umgewandelt, um dann in den Weltraum abgegeben zu werden. Auswirkungen auf die Umwelt, sehen wir einmal von dem Raumbedarf für Kollektoren und Speichertanks mit geringen Umwelteinflüssen ab, entstehen nicht.

Wir aber verzichten großzügig auf dieses Geschenk der Natur, indem wir es auf der Grundlage unhaltbarer Kosten-Nutzen-Analysen als unwirtschaftlich deklarieren.

Der Systemtheoretiker *F. Vester* errechnet einen Kilowattpreis von weniger als 10 Pfennig auf der Basis von Siliziumzellen, die nach dem Prinzip der Mehrfachnutzung aus der Phosphat- und Aluminiumproduktion sowie durch Abfallrecycling hergestellt werden können. Wir aber setzen weiterhin auf die Verbrennung der fossilen Brennstoffe sowie auf Atomkraft.

Wir verbrauchen allein für die 30 Millionen Kraftfahrzeuge in der Bundesrepublik alljährlich soviel förderbares Erdöl, wie in 120 000 Jahren der Frühgeschichte unserer Biosphäre aus Sonnenstrahlung entstanden ist, und setzen dabei riesige Mengen an Kohlendioxid in die Umwelt. Weltweit werden durch die Verbrennung fossiler Brennstoffe etwa 20 Milliarden Tonnen dieses Hauptverursachers des Treibhauseffektes in die Luft geblasen. Allein in der Bundesrepublik waren es im Jahre 1988 798 Millionen Tonnen.

Wir leben im Zeichen des ungebremsten und enormen Verbrauchs fossiler Energien bereits seit Jahrzenten von der Substanz des Lebens. In einigen Jahrzenten werden diese völlig aufgebraucht sein. In einer Welt begrenzter Ressourcen ist die Ideologie des grenzenlosen Wachstums, unter Verbrauch immer größerer Mengen an Energie und Rohstoffen, zwangsläufig zum Scheitern verurteilt. Der Kollaps dieses Systems ist bereits vorprogrammiert. Allein die Produktion eines PKW der Mittelklasse verschlingt neben wertvollen Rohstoffen 22 000 Kilowatt Strom pro Stunde, zu dessen Herstellung wiederum 2,5 Tonnen Steinkohle benötigt werden.

Das ist das Dilemma der Produktion. Jeder Produktionsprozeß entzieht daher dem Ökosystem Erde sowohl Rohstoffe als auch Energie – ganz abgesehen von dem Ausstoß an Kohlendioxid.

Auch die lebenden Systeme können ihre Stoffwechselvorgänge nur durch die Aufnahme von Nahrung, also von Energie und Rohstoffen, aufbauen und aufrechterhalten. Allerdings arbeiten diese mit enormen Wirkungsgraden von 80 bis 90 Prozent, die durch Mehrfachnutzung und Energiekopplungen zustande kommen. Gemessen daran sind die energetischen Wirkungsgrade der technischen Systeme lächerlich gering. So erreicht die Stromheizung einen Nutzungsgrad von gerade 10 Prozent, der Otto-Motor 13 Prozent und ein Kohlekraftwerk ca. 30 Prozent.

Systeme der Mehrfachnutzung, wie etwa die Kraft-Wärme-Kopplung, die diese Wirkungsgrade wirksam steigern könnten, fehlen fast ganz. Allein durch ungenutzte Industrieabwärme gehen jährlich 27 000 Megawattstunden verloren. Das entspricht der Leistung von 20 großen Kernkraftwerken. Durch dezentrale Verfahren der Mehrfachnutzung in Form von Kraft-Wärme-Kopplung könnten diese Wirkungsgrade drastisch verbessert werden. Energieengpässe sind daher auch das Ergebnis einer Verschwendungssucht. Hier bleiben große Einsparpotentiale ungenutzt.

Nach Untersuchungen der Prognos AG vom September 1987 sind in der gewerblichen Wirtschaft allein durch die Nutzung von Abwärme 20 Prozent der verbrauchten Energie einzusparen. Die Nutzung dieser Restenergie, die von Produktionsanlagen nicht in mechanische Arbeit umgesetzt wird, kann beispielsweise als Vorwärme der Verbrennungsluft bzw. des Produktionsgutes oder auch als Fernwärme abgefangen und an anderer Stelle als Heizenergie eingesetzt werden. Aber auch derartige Möglichkeiten können das Energieproblem allein nicht lösen, denn insgesamt ist unser Energieverbrauch noch viel zu hoch.

Diese technischen Möglichkeiten verschleiern trotz ihrer unbestreitbaren Vorzüge leider allzuoft die zugrundeliegende Störung des Wachstumsgrößenwahns und erwirken damit letztendlich das Festhalten am Status quo.

Grundsätzliche Verbesserungen der Energiesituation lassen sich nur durch strukturelle Veränderungen der lebensfeindlichen Wirtschaftsstrukturen erreichen. Sie machen den Verzicht der Wachstumsideologie erforderlich. Stattdessen wird Energiehunger durch die Strompolitik der Elektrizitätsunternehmen noch unterstützt. Großabnehmer erhalten die günstigsten Tarife. Im Zeichen der Wachstumsideologie wird auf diese Weise Energieverschwendung subventioniert.

Ein Pilotprojekt der USA-Staaten Oregon, Washington, Idaho und Montana kann an dieser Stelle für uns Vorbild sein: Das Ziel dieses

Projektes ist so festgelegt, daß steigende Energieverbräuche nicht mehr durch den Bau neuer Großkraftwerke, sondern – soweit wie möglich – durch Stromeinsparungen ausgeglichen werden. Industrie und private Haushalte sollen durch zinslose Kredite und eine Reihe sonstiger Vergünstigungen gezielt zum Energiesparen angeregt werden. Großunternehmer erhalten z.b. Rabatte in Höhe von bis zu 50 000 Dollar, wenn stromsparende Techniken eingeführt werden. Für 20 000 Kleinunternehmer finanziert die Southern California Edison Company ein Energiegutachten. In Oregon wird das Stromsparen mit einer einmaligen und hohen Prämie belohnt. 1,15 Dollar erhält der Kunde für jede eingesparte Kilowattstunde. Durch dieses Einsparprogramm soll im Nordwesten der USA in den Jahren zwischen 1985 und 2005 eine Gesamteinsparung von 14 Prozent erzielt werden.

Wir sollten uns darüber klar werden, daß die heutigen Großfeuerungsanlagen im Grunde genommen keine Energieerzeuger, sondern Energievernichter sind. Die zunächst verfügbare Energie geht zum großen Teil in Form von Abwärme oder durch den Produktionsprozeß für das System Biosphäre endgültig und irreversibel verloren.

Energiesparen bedeutet daher verstärkter Zugriff auf regenerative Energien, Abkehr von der Wachstumsstrategie, Verringerung der Produktionszahlen und Einführung des Prinzips der Bedarfsdeckung anstelle der Bedarfsweckung. Es bedeutet jedoch zusätzlich die bevorzugte Erzeugung langlebiger und wiederverwendbarer Produkte anstelle der kurzlebigen Einwegprodukte. Wiederverwendung durch Recycling spart neben wertvollen Rohstoffen auch Energie.

Trotz der günstigen Entwicklung des Recyclierens von Rohstoffen werden wir die aus energetischen und ökologischen Gründen notwendigen Recycling-Quoten erst dann erreichen können, wenn wir die Preise für Energie und Rohstoffe an ihrem tatsächlichen volkswirtschaftlichen Wert bemessen. Energie und Rohstoffe werden einerseits immer mehr zu knappen Gütern. Andererseits werden die ökologischen Folgekosten der Produktion von Gütern nur zum kleinen Teil, nämlich im Sinne der Einhaltung gesetzlicher Vorschriften durch den

Verursacher getragen, der Großteil jedoch immer noch auf den Steuerzahler und die Umwelt abgewälzt.

Diese Festlegung der Energie- und Rohstoffpreise nach dem rein marktwirtschaftlichen Prinzip von Angebot und Nachfrage bei Mißachtung der tatsächlich volkswirtschaftlichen Kosten verkennt die Umweltschäden durch Produktion und konsumtive Nutzung. Diese Störung im Wirtschaftssystem gilt es als ersten Schritt auf dem Weg zu einer ökologischen Marktwirtschaft zu beheben.

Dabei müssen wir uns dem Dilemma der Produktion stellen. Jeder Produktionsprozeß entnimmt der Umwelt Energie und Ressourcen, die für den Kreislauf der Stoffe weitgehend verloren gehen bzw. in Form von Abluft, Abwasser oder anderen Schadstoffen die Umwelt belasten. Hier werden die Grenzen des Recyclings offenkundig. Auch die Aufarbeitung von Gütern zur Wiederverwendung beansprucht immer Energie des Systems Umwelt, wenn auch in den meisten Fällen in weit geringerem Umfang als zu ihrer Neuproduktion.

Es gibt daher nicht das umweltfreundliche Produkt. Es gibt das umweltschonende Produkt, das eben die Umwelt in geringerem Ausmaß belastet.

Sämtliches Recycling verändert nicht die Menge der beteiligten Materie, sondern erhöht die Dauer der Verfügbarkeit für den Produktionsprozeß durch Zufuhr von Energie. Doch letztendlich unterliegen alle Güter dem Prozeß der zunehmenden Unordnung, wie er in der Physik beschrieben wird. Metalle rosten, Maschinen altern und Gebäude unterliegen langsamen Zerfall. Dieser Prozeß kann durch Recycling verzögert, aber nicht aufgehalten werden. Insofern stellt das Recycling zwar einen sinnvoller Beitrag zum Schutz der Umwelt dar, ist allerdings auch immer an den Verbrauch von Energie gekoppelt.

Effektiver Umweltschutz vermeidet Energieverbrauch. Er beschränkt sich auf die Produktion der notwendigen Güter im notwendigen Umfang. Er verbraucht damit nur soviel Energie, wie unbedingt nötig und muß dafür die Ideologie des Wachstums aufgeben.

4. Umweltorientierte Unternehmensführung

4.1 Kosten der Umweltschäden

Das Abfallaufkommen und die Schadstoffemissionen in Boden, Luft und Wasser sind so stark angestiegen, daß sie von unserer Umwelt allein aufgrund ihrer Menge nicht mehr ökologisch abgebaut werden können. Durch diesen schleichenden Belastungs- und Vergiftungsprozeß sind heute die Pufferkapazitäten ganzer ökologischer Systeme erschöpft, ihre Selbstregenerationsfähigkeit eingeschränkt, der Abbauprozeß von Schadstoffen behindert und damit eine Spirale möglicher Umweltveränderungen in Gang gesetzt. Angesichts dieser dramatischen Entwicklung wäre es allerdings falsch, in fatalistischer Ergebenheit den Kopf in den Sand zu stecken. Vielmehr gilt es, zurückliegende Fehleinschätzungen zu erkennen, zu korrigieren und uns vom Vorbild der Natur, von ihren vernetzten Stoff- und Energiekreisläufen, und ihrer Sparsamkeit im Umgang mit Ressourcen belehren zu lassen.

Die Bilanzierung der ökologischen Schäden, die mittlerweile in allen Lebensbereichen sichtbar werden, vermittelt einen Eindruck, um welchen Preis wir tagtäglich unsere Autors starten, die Heizung aufdrehen und uns unserer Abfälle entledigen. Nach seriösen und zurückhaltenden Schätzungen werden die in der Bundesrepublik monetär meßbaren Schäden durch die Verschmutzung von Boden, Luft und Wasser, durch Lärm und Gesundheitsschäden auf jährlich 103,5 Milliarden DM geschätzt.

Das entspricht dem Doppelten der Ausgaben des Bundes für Verteidigung im Jahr 1985. Dem standen 1987 Umweltschutzaufwendungen von Staat und Industrie in Höhe von 32 Milliarden DM gegenüber. Zwar sind die Umweltschutzinvestitionen in den größten Industrienationen nominell gestiegen, gemessen am Bruttosozialprodukt sind sie jedoch in den meisten Fällen sogar rückläufig. Nur die Niederlande,

Kanada und die Bundesrepublik Deutschland gaben 1988 mehr als ein Prozent ihres Bruttosozialprodukts für den Umweltschutz aus.

Erfreulich sind dagegen die steigenden Aufwendungen der bundesdeutschen Industrie. 1988 lag ihr Anteil an den gesamten Umweltschutzausgaben bereits bei 36 Prozent. Sie nahm damit im internationalen Vergleich hinter den USA eine Spitzenposition ein.

In Anbetracht der gigantischen Umweltschäden erscheinen diese Anstrengungen jedoch nicht mehr als ein Tropfen auf den heißen Stein. Weitere beträchtliche Zusatzaufwendungen allein für Reparaturdienste im Umweltschutz werden in den nächsten Jahren erforderlich sein. Beispielsweise wird die Sanierung der 70 000 Altlasten in der Bundesrepublik Sanierungskosten bis zu 100 Milliarden DM verursachen. Für die Instandsetzung der schadhaften Kanalnetze werden noch einmal 50 Milliarden DM aufgebracht werden müssen. Dabei zeigen Erfolge in den vergangenen Jahren, daß es sich lohnt, in den Umweltschutz zu investieren. Durch den Einbau von Filtern in Kohlekraftwerken und andere Großfeuerungsanlagen gelang es, die Schäden durch Luftverschmutzung von 48 Milliarden auf 30 Milliarden DM zu reduzieren.

Professor Lutz Wicke, wissenschaftlicher Direktor am Umweltbundesamt, berechnete eine hohe Kosten-Nutzen-Relation für Umweltinvestitionen. Jede sinnvoll in den Umweltschutz investierte Mark hilft Umweltschäden in Höhe von 3 DM zu verhindern. Hierin wird deutlich, daß Präventivmaßnahmen im Umweltschutz die Volkswirtschaft weitaus weniger belasten als die Beseitigung bereits eingetretener Umweltschäden.

4.2 Umweltgesetzgebung

- Es gibt derzeit kaum ein Rechtsgebiet mit einer solch großen Novellierungstendenz wie der weite Bereich des Umweltrechtes. Wie im Falle des Abwasserabgabengesetzes werden Novellierungen bereits in Angriff genommen, bevor die vorhergehende Neuerung in Kraft ist.

Das 1980 neugestaltete Umweltstrafrecht weist zum Teil erhebliche Beweis- und Anwendungsprobleme auf. Diese Lücken plant der Gesetzgeber durch eine Reihe von Gesetzentwürfen und -änderungen zu beheben, um einen effektiveren Schutz der Umweltgüter Boden, Luft, Wasser und Natur zu gewährleisten.

Die Zahl der polizeilich registrierten Umweltdelikte ist in den letzten Jahren kontinuierlich gestiegen.

Auffallend hoch ist die Zahl der Verfahrenseinstellungen. 80 Prozent der bei den Staatsanwälten und 44 Prozent der bei Gericht anhängigen Verfahren wurden eingestellt. Kam es doch zu einer Verurteilung, so wurden in 98 Prozent der Fälle Geldstrafen verhängt in einer Durchschnittshöhe von 28 DM. Diese Umweltverschmutzung zum Nulltarif soll es in Zukunft nicht mehr geben. Die Reform des Umweltstrafrechtes sieht vor, den Verursacher von Umweltschäden vermehrt und in höherem Strafmaß in Haftung zu nehmen. Ermöglicht wird dies vor allem durch die Änderung der Beweislastregeln. Der Verschuldensbeweis für eine Umweltgefährdung ist in Zukunft nicht mehr durch den Kläger vorzubringen. Vielmehr trägt der Beklagte die Entlastungsbeweislast. Die Gefährdungshaftung soll auch dann zur Anwendung kommen, wenn es für niemanden erkennbar war, daß ein bestimmter Stoff oder ein bestimmter Anlageninhalt toxisch war. Die praktische Bedeutung dieser Gesetzgebung wird im Hinblick auf die fortschreitenden toxikologischen Erkenntnisse und die Entwicklung immer empfindlicherer Nachweismethoden besonders evident. Unternehmungen müssen daher in naher Zukunft von erheblichen Haftungsrisiken ausgehen.

Dabei soll die Gefährdungshaftung von Unternehmen auch auf leitende Personen ausgedehnt werden. Das bedeutet, daß Geldstrafen auch dann verhängt werden können, wenn leitende Angestellte oder Prokuristen Umweltstraftaten oder Ordnungswidrigkeiten begehen.

Ein weiterer Schwerpunkt des neuen Umweltstrafrechts ist die Abschöpfung von aus Umweltverstößen erzielten Gewinnen oder Vermögensanteilen. Gewinnmaximierung auf Kosten der Umwelt wird sich in Zukunft also nicht mehr auszahlen.

Die bislang großen Vollzugsdefizite werden durch die neuen Beweislastregeln weitgehend aufgehoben; Unternehmen können häufiger in Haftung genommen, vor allem auch die Verursacher von Altlasten. Nach jüngsten Erhebungen werden allein auf dem Gebiet der Bundesrepublik rund 70 000 Altlasten vermutet, von denen 20 Prozent dringend sanierungsbedürftig sind.

- Auf die Unternehmungen wird daher eine riesige Vollzugswelle mit beträchtlichen Kostenbelastungen zukommen. Das betrifft in erster Linie die kleinen Unternehmen und die mittelständische Industrie. Diese Unternehmen sind im Vergleich zu Großbetrieben relativ schlecht auf zum Teil tiefgreifend in die Produktionsverfahren und Produktlinien reichende Umweltanforderungen vorbereitet. Ihre Überlegenheit am Markt durch flexible Auftragsabfertigung erweist sich im Umweltschutz zunächst als Startnachteil.

In diesen Unternehmen gibt es nur selten Stabsstellen oder Umweltbeauftragte, die sich intensiv mit Umweltschutzfragen auseinandersetzen. Ihnen fehlt damit praktisch das Umweltradar. Was auf den Betrieb zukommt, wird meist sehr spät und nicht in voller Tragweite erkannt, und die vom Gesetzgeber eingeräumten Anpassungsfristen können nicht oder nur unvollständig in Anspruch genommen werden. Steht die Behörde erst einmal vor der Tür, so zwingt der Vollzugsdruck zu schnellem Handeln. Um den Forderungen der Behörde entsprechen zu können, wird dann auf schnelle Lösungen zurückgegriffen. Dabei handelt es sich in aller Regel um nachgeschaltete Umweltschutzeinrichtungen. Die Grenzwerte werden durch diese End-of-the-pipe-Technologien zwar eingehalten, die Verwendung von Vermeidungstechnologien am Ursprungsort der Emissionen erweist sich langfristig in der Mehrzahl der Fälle jedoch sowohl als kostengünstiger als auch als effektiver im Umweltschutz. Derartige großtechnische Verfahren müssen weiterhin im Kleinbetrieb mit speziellem Zuschnitt und diskontinuierlicher Herstellung keineswegs gleichermaßen leistungsfähig sein. Es wird daher in Zukunft für die Unternehmungen immer bedeutsamer, schon im Vorfeld möglicher Behördenkontakte präventive Umweltschutzmaßnahmen einzuleiten.

Vorrangig vor den Mitteln des Strafrechts soll in der neuen Phase der Umweltpolitik der Schwerpunkt auf ordnungsrechtlichen Regelungen liegen, die die Umweltnutzung noch stärker zu einem Kostenelement machen. Geplant sind vor allem erhöhte Restverschmutzungsabgaben und Lizenzlösungen.

Die Novellierung des Abwasserabgabengesetzes sieht beispielsweise eine Erhöhung der Abgabe pro Schadeinheit von derzeit 40 DM auf 50 DM ab 1. Januar 1991 und eine weitere Steigerung auf 60 DM von Beginn des Jahres 1993 vor. Geplant ist außerdem die Ausweitung des Katalogs abgabepflichtiger Stoffe. Dabei soll nicht mehr für die tatsächliche Einleitung in Vorfluter oder in das Grundwasser bezahlt werden, sondern für die Erlaubnis, eine bestimmte Menge an Schadstoffen und Abwässer einzuleiten. Allein diese Umstellung wird in vielen Unternehmungen zu einer Verdoppelung der Abgabe führen.

Für den Einleiter sind in diesem Abwasserabgabensystem vor allem Spitzen, die in aller Regel nicht genutzt werden können, jedoch für alle Fälle freigekauft werden müssen, ein zusätzlicher Kostenfaktor. Wer seine Abwässer zumindest nach dem neuesten Stand der Technik reinigt, erhält eine Ermäßigung von 50 Prozent auf seine an sich fällige Abwasserabgabe. Wer darüber hinaus reinigt, kann noch höhere Rabatte erzielen. Die Investition in moderne Abwasserreinigungsanlagen kann also langfristig erhebliche Kosten sparen.

4.3 Ökologische Preise

- In den Schubladen des Gesetzgebers liegen weitergehende Konzepte, die neue Umweltabgaben für umweltbelastende Produkte und Herstellungsverfahren vorsehen. Diese neuen Steuer- und Abgabesysteme sollen die Kosten für entstehende Umweltschäden in die verursachende Wirtschaftseinheit zurückverlagern. Damit sollen die externen Kosten der Umweltverschmutzung vom Verursacher getragen und Wettbewerbsverzerrungen und gesamtwirtschaftliche Fehlentwicklungen zugunsten der Umwelt aufgehoben werden. Eine zentrale Bedeutung für die Aufwendung des Verursacherprinzips soll dem klassischen Steuerungsinstrument der Marktwirtschaft, nämlich dem Warenpreis, zukommen. Wer Produkte kauft, deren Herstellung, Konsumption oder Verwertung umweltbelastend ist, soll diese Umweltkosten über den Warenpreis mitbezahlen.

Derartige politische Steuerungsinstrumente sind in einem System, in dem materielle Besitzstände wie Heiligtümer verteidigt werden, nicht ohne erhebliche Widerstände durchzusetzen. Der Steueraufschlag von 1,90 DM auf jeden Liter Benzin, wie ihn Dieter Teufel, der Leiter des Heidelberger Umwelt- und Prognoseinstitutes, fordert, ist zumindest in dieser Höhe wohl nicht mehrheitsfähig. Weitere wirkungsvolle Maßnahmen zum Erhalt unserer Lebensgrundlagen sind jedoch langfristig auch von seiten des Gesetzgebers zu erwarten. Wenn dies im Rahmen einer marktwirtschaftlichen Ordnung geschehen soll, dann ist eine Steuerung über staatliche Abgaben die eleganteste und wirkungsvollste Methode.

4.4 Wettbewerbsvorteile

Strenge Umweltschutzvorschriften, die Investitionskapital binden und Folgekosten verursachen, können den betreffenden Unternehmungen auf kurze Sicht Wettbewerbsnachteile bescheren. Das wird am Beispiel der Mineralölindustrie deutlich. Eine Studie der EG-Kommission kommt zu dem Ergebnis, daß die durch Umweltschutzrechtsvorschriften in der Bundesrepublik Deutschland ausgelösten Investitionskosten für 1985 um das Fünffache, die Betriebskosten um das Dreifache höher liegen als in anderen EG-Ländern.

Diese umweltschutzbedingten Wettbewerbsnachteile dürfen den Blick für die positiven gesamtwirtschaftlichen Effekte von Umweltschutzinvestitionen nicht verstellen. Diese Investitionen führen, neben dem

Nutzen für die Umwelt, auch zur Entwicklung neuer, oftmals kostensparender, umweltschonender Technologien. Wenn sich die Rahmenbedingungen weltweit durch ein verstärktes Umweltbewußtsein ändern, wird dieses technische Know-How zu einem immensen Wettbewerbsvorteil.

Positive Wirtschaftsimpulse wirken sich schon heute auf den Sektor der deutschen Umwelttechnik aus. Dabei ist der stetig verbesserte Qualitätsstandard Garant auch für den hohen Exportanteil dieser Branche. In einigen Betrieben nähert sich die Exportquote der 50 Prozent-Marke bei einem Umsatzvolumen von 4 Milliarden DM jährlich und Wachstumsraten von 10 Prozent. Dieser Markt wird vor allem auch den kleineren und flexibleren Betrieben große Chancen bieten, da sehr häufig für den Einzelfall maßgeschneiderte Lösungen verlangt werden, die Großunternehmungen nicht immer anbieten können.

4.5 Das Prinzip Verantwortung

Jede Sekunde, so hat Professor Dr. Ernst U. von Weizsäcker, Institut für Europäische Umweltpolitik e.V., errechnet, werden 1 000 Tonnen anthropogene Treibhausgase in die Luft geblasen, die das Klima nachhaltig beeinflussen. Jeden Tag verbrennen wir solche Mengen fossile Brennstoffe, die erst im Zeitraum einer Menschengeneration wieder nachwachsen. Jede Sekunde gehen weltweit etwa 3 000 Quadratmeter Wald verloren, und jede Sekunde verlieren wir etwa 1 000 Tonnen fruchtbaren Bodens. Unser materieller Wohlstand erfordert einen zehnfach höheren Pro-Kopf-Verbrauch an Wasser, Energie, Bodenschätzen und Land als in den Entwicklungsländern.

- Würden wir unseren Lebensstandard weltweit ausdehnen, würde das den sofortigen ökologischen Kollaps unseres Planeten bedeuten. Wissenschaftler sagen für die nächsten fünf Jahrzehnte hausgemachte Klimaveränderungen voraus, die alles übertreffen, was sich in den letzten 100 000 Jahren ereignet hat.

Angesichts dieses bedrohlichen Szenarios der globalen Umweltzerstörungen stehen die Verursacher in der Verantwortung. Wir alle müssen uns fragen, wie wir zu einem ökologisch vertretbaren Wirtschaften gelangen, bei dem ein Verzehr nicht erneuerbarer Ressourcen eingeschränkt und die Umweltverschmutzung insgesamt drastisch reduziert werden kann. Welche Produktionstechniken entwickelt werden müssen, die mühselige, eintönige und isolierende Arbeiten überflüssig machen, und welche Produkte und Dienstleistungen angeboten werden müssen, die zu einem substantiellen, d. h. qualitativen Wachstum beitragen, und wie die internationalen Wirtschaftsbeziehungen gestaltet werden, die nicht durch mörderische Konkurrenz und extremes Machtgefälle gekennzeichnet sind. Diese entscheidenden Überlebensfragen beschreiben die ethische Dimension als Unternehmensaufgabe. Sie ist keine separate, von anderen Entscheidungen losgelöste Aufgabe, sondern sie steht inmitten der tagtäglichen unternehmerischen Entscheidungen. Aus diesem Grunde benötigt auch nicht unser Wirtschaftssystem die Ethik, sondern jene, die Wirtschaft betreiben.

Betriebswirtschaft und Management sind an sich werteindifferent. Ursache, Zweck und Absichten der Betriebswirtschaft sind nicht in ihr selbst begründet, sondern haben ihre Wurzeln außerhalb. Es stellt sich daher die Frage nach Quelle und Begründung für das Wirtschaften. Im Mittelpunkt dieser Frage steht der Mensch selbst. Sein Wert und Sinn gründet in ihm selbst. Goodmaster macht die Fragen der Ethik beim Manager selbst und seinen Entscheidungen fest (Managerial Ethics). Seine individuelle geistig-ethische Haltung hat entscheidenden Einfluß auf Struktur, Organisation, Arbeits- und Produktionsbedingungen einer Unternehmung und findet letztendlich ihre Entsprechung im Unternehmensimage nach außen (Corporate Ethics).

- Das Handeln eines Managers ist daher immer Ausdruck seiner geistigen Haltung, seiner Einsicht zum eigenen Sinn und Wert. Sinnkrisen offenbaren die fehlende Abstimmung zwischen tagtäglichem praktischen Handeln und geistigen Vorstellungen. Unternehmensentscheidungen werden zum Handeln um des Handelns willen, zum Gut-da-Stehen, sei es als Person oder als Unternehmung.

Max Weber beschrieb die Folgen der sinn-entleerten Reduzierung des Wirtschaftens auf das rein materielle Erwerbsstreben als eine Versteinerung mit einer Art krampfhaftem Sich-wichtig-Nehmen. Dabei vermögen weder das Pochen auf den Herr-im-Haus-Standpunkt noch der Rekurs auf das Gefühl und die Flucht in eine dogmatische Position in Sinn- und Wertekonflikten zu überzeugen oder gar zu motivieren. Vielmehr liegt in der Achtung der eigenen Würde das zentrale Problem. Erst diese bewirkt Handlungen, die auch die Würde des Mitmenschen, des Geschäftspartners, des Kunden und die Belange der Umwelt mitberücksichtigen und akzeptieren. Das bedeutet, daß die Achtung von Leben nur bei Achtung des Selbst möglich ist.

Diese Selbstachtung erlaubt in ihrer Konsequenz ein Handeln, wie es Albert Schweitzer in vorbildlicher Weise nach seiner Ethik der Ehrfurcht vor dem Leben praktiziert hat. Dieser würdevolle Umgang mit dem Leben hat auch heute nichts von seiner Bedeutung verloren. Im Gegenteil, im Zeichen der bedingungslosen Ausbeutung der Natur wird diese Handlungsmaxime zu einer zentralen Überlebensfrage. Dabei beginnt die Ehrfurcht vor dem Leben bereits im Umgang mit den Mitarbeitern im Betrieb.

Rudolf Affemann, der Leiter des Baden-Badener Instituts für Mensch und Arbeitswelt, drückt dies folgendermaßen aus:

„Der Mitarbeiter ist für mich nicht irgendein Werkzeug, sondern er ist für mich ein Mitmensch, mit dem zusammen ich in der Firma arbeite. Das ist der Grundpfeiler des Ethos im Management." Die Ethik des würdevollen Umgangs mit dem Leben schließt auch die scheinbare Kluft zwischen Ökonomie und Ökologie und ermöglicht das Verhalten entsprechend dem Prinzip der Verantwortung nach Hans Jones: „Handle so, daß die Wirkungen deiner Handlung nicht zerstörerisch sind für die künftigen Möglichkeiten menschlichen Lebens."

- Diese ethische Komponente des Wirtschaftens wird mittlerweile auch von breiten Teilen der Bevölkerung erkannt. Umweltschädigende Unternehmen kommen heute nicht mehr gut an. Entsprechende Imageschäden führen längerfristig zu Ertragsschäden, demotivieren die Mitarbeiter und verunsichern das Management.

Die elementare Bedeutung drückt Wolfgang Hilger, der Vorstandsvorsitzende der Hoechst AG, anläßlich der Forderungen nach einem sofortigen FCKW-Ausstieg folgendermaßen aus: „Da wir diesen Forderungen nicht sofort nachgehen, treffen uns als FCKW-Hersteller moralische Vorwürfe. Das schädigt nicht nur den Ruf unseres Unternehmens, sondern dies belastet auch die Mitarbeiter, ihr Verhältnis zu Nachbarn und Freunden, ja sogar ihre eigene Familie."

Die Nichtbeachtung ethischer Werte einer Unternehmung im Umweltschutzsektor ist daher langfristig ohne Imageverlust nach innen und außen, ohne Imagekosten und damit ohne eine spätere Belastung der Ertragsrechnung nicht möglich. Umweltorientierte Unternehmen werden in Zukunft begeisterungsfähigere und motiviertere Mitarbeiter für eine langfristige Mitarbeit gewinnen können. Wir können es uns eben nicht mehr leisten, mit dem Menschen und der Umwelt umzugehen, wie es viele vielleicht gerne noch möchten: nach dem rein ökonomischen Prinzip und ohne die ökologischen Wirkungen unseres Handelns zu beachten.

4.6 Umweltcontrolling

- Voraussetzung einer exakten Zielbestimmung für eine umweltverträgliche Unternehmensführung ist die Einrichtung eines strategischen Umwelt-Controllings. Damit werden Chancen- und Risikopotentiale einer Unternehmung im Umweltschutz abgeschätzt, der Ist-Zustand analysiert und entsprechende Soll-Werte festgesetzt. Nur so können drohende und zum Teil existenzgefährdende Risiken des Unternehmens rechtzeitig erkannt und vorbeugende Maßnahmen eingeleitet werden, die zu einer Schadensbegrenzung unter ökologischen, wirtschaftlichen und öffentlichkeitswirksamen Aspekten führen.

Bestehende, bisher ungenutzte kostenwirksame Potentiale können erfaßt und für die Unternehmung genutzt werden. Wesentlicher Bestandteil des Umwelt-Controllings ist die Öko-Bilanz. Diese stellt den Versuch dar, die Umweltauswirkungen einer Unternehmung zu erfassen, darzustellen und zu bewerten. Mit der Öko-Bilanz wird die Grundlage für vorausschauendes, langfristiges, strategisches, vorbeugendes und innovatives Handeln geschaffen. Die Öko-Bilanz setzt systematisch auf drei verschiedenen Ebenen an:

- auf der betrieblichen Ebene mit der Input-Output-Bilanz,
- auf der Verfahrensebene mit der Prozeßbilanz,
- auf der Produktebene mit der Produktbilanz.

Im Rahmen dieser Bilanztypen wird zunächst eine stofflich/energetische Erfassung durchgeführt.

In einem zweiten Schritt werden diese Bilanzergebnisse einer ökologischen Bewertung unterzogen. Drittens wird die Verknüpfung zum betrieblichen Rechnungswesen — zu Kosten und Erlösen — hergestellt. Öko-Bilanzen geben wichtige Informationen über Planung, Forschung & Entwicklung; Steuerung und Kontrolle des Betriebsgeschehens in ökologischer und wirtschaftlicher Hinsicht. Weiterhin können strategische und operative auf der Öko-Bilanz aufbauende Maßnahmen öffentlichkeitswirksam genutzt werden.

4.7 Umweltschutzmanagement

Als fundierte Grundlage zur betrieblichen Realisierung eines offensiven Umweltschutzmanagements ist neben der Öko-Bilanz die ökologische Schwachstellenanalyse geeignet. Sie ermöglicht in einem ersten Schritt die Bestimmung der exakten Umweltsituation einer Unternehmung. Darauf aufbauend können die ökologischen Leitziele für die Unternehmensstrategie festgelegt werden, die in ein Maßnahmenbündel münden, das die längerfristigen Schwerpunkte der Geschäftstätigkeit bestimmt. Die Durchführung der Maßnahmen erfolgt über eine nutzenorientierte 4-Stufen-Planung nach betriebsökonomischen Prioritäten:

1. Durchführung der gesetzlich vorgeschriebenen Umweltschutzmaßnahmen.
2. Durchführung von Umweltschutzmaßnahmen, die dem Unternehmen Kostenvorteile verschaffen.
3. Umsetzung kostenneutraler Umweltschutzmaßnahmen.
4. Durchführung von Umweltschutzmaßnahmen, die – unter Ausnutzung der unter Stufe 2 erzielten Wertschöpfungspotentiale – der Unternehmung bei isolierter kurzfristiger Betrachtung Kostennachteile bringen.

Ein offensives Umweltschutzmanagement setzt die Einbindung in die Unternehmensorganisation voraus, um es in die unternehmerischen Zielsetzungen, Strategien, operativen Pläne und Investitionspläne integrieren zu können. Umweltschutz beginnt daher auf der Leitungsebene und benötigt zunächst die Akzeptanz der Geschäftsleitung und des Top-Managements. Betriebliche Umweltpolitik darf jedoch nicht von oben verordnet werden, sondern es bedarf einer einheitlichen und überzeugenden Darstellung und Informationsvermittlung an alle Mitarbeiter, so daß Umweltschutzvorhaben verstanden und von den Mitarbeitern aller Betriebsbereiche mitgetragen werden können.

Das erfordert eine Organisationsform, die dem Umweltschutz entsprechend Rechnung trägt. Es sollte daher ein Umweltbeauftragter als Stabsstelle der Geschäftsleitung institutionalisiert werden. Seine wesentliche Aufgabe ist die Koordination aller im Unternehmen anfallender Umweltschutzaufgaben im Sinne der Wahrnehmung einer Querschnittsfunktion.

Darunter fallen insbesondere:

1. Die Umsetzung der umweltorientierten Unternehmensstrategie in die operative Arbeit.
2. Mitarbeit an der Entwicklung einer umweltfreundlichen Technik- und Produktentwicklung.
3. Aufbau eines betrieblichen Umweltinformationssystems und seine Integration in das Management-Informationssystem.

4. Sprecherfunktion als Partner der Behörden, des Betriebsrats und der Öffentlichkeit in Fragen des betrieblichen Umweltschutzes mit erheblichen Image- und Öffentlichkeitswirkungen.
5. Weiterbildungsfunktion, um die Mitarbeiter in allen Bereichen für die Fragen des Umweltschutzes nicht nur zu sensibilisieren, sondern auch Handlungswissen zu vermitteln.

Daneben sollte der Umweltbeauftragte Vorsitzender eines zu bildenden Umweltausschusses sein. Diesem sollten Vertreter verschiedener Unternehmensbereiche angehören. Der Umweltausschuß legt einen Umweltaktionsplan vor, der in die einzelnen Unternehmensbereiche hineinwirkt und periodisch Rechenschaft über erreichte und noch nicht erreichte Umweltziele ablegt. Zu den weiteren Aufgaben des Umweltbeauftragten gehört die Auswertung von Umweltschutzvorschlägen innerhalb des betrieblichen Vorschlagswesens.

Üblicherweise werden im betrieblichen Vorschlagswesen Prämien in Höhe von 20 Prozent der erzielten Einsparungen ausgeschüttet. Bei Vorschlägen, die zu einer direkten oder indirekten Umweltverbesserung führen, sollte diese Prämie auf 30 Prozent aufgestockt werden. Erfahrungen aus der Praxis zeigen, daß diese Maßnahme interessante und kostenwirksame Vorschläge erwarten läßt.

Einige Beispiele aus der Betriebspraxis:

	Einsparung in TDM p.a.
Automatische Schaltanlage für Klimaanlage	49
Abschaltung Energieverbrauch in Spitzenzeiten	36
Energie- und Reparatureinsparung durch andere Heizstäbe	38
Einbau einer Zeituhr für automatisches Abschalten an der Belüftungsanlage	32
	155

Als erste Maßnahme des Umweltbeauftragten ist eine Umweltschwachstellen-Analyse durchzuführen. Im betriebswirtschaftlichen

Bereich und im Marketing gehört diese Analyse zu den gängigen Instrumenten, im Bereich des betrieblichen Umweltschutzes kommt sie jedoch noch viel zu selten zur Anwendung. Die betriebliche Praxis zeigt, daß durch diese Maßnahme Umweltprobleme erkannt und behoben werden können, *bevor* sie sich in der Öffentlichkeit und der Produktvermarktung negativ auswirken.

Dazu müssen alle Emissionsquellen und Schwachstellen des Betriebes sorgfältig erfaßt, analysiert und beobachtet werden. Vorbeugende Messungen der Arbeitsplatzkonzentrationswerte (z. B. MAK, TRK) sowie der Emissionskonzentrationen (EK-Werte) sind in vielen Fällen empfehlenswert. Sie dienen neben dem Schutz der Mitarbeiter zur Planung von Reduktionsmaßnahmen sowie zur Beweissicherung gegen Haftungsansprüche.

Bei einer ökologischen Schwachstellenanalyse ist auch eine Stoffliste zu erstellen. Diese ermöglicht, die im Produktionsprozeß eingesetzten Arbeitsstoffe zu erfassen, zu überprüfen und durch umweltfreundlichere Substitutionsprodukte zu ersetzen. Auf diese Weise können oft aufwendige und kostenträchtige Luft- und Abwasserreinigungsanlagen eingespart werden.

Beispiel einer Stoffliste:

1.	Positionsnummer:	03
2.	Benennung	Bakalite, Formmasse 2830, Phenolharz
3.	Chemische Bezeichnung:	
4.	Toxizität:	Staub bildet mit Luft explosionsfähiges Gemisch
5.	Ökologische Gefahren:	nicht bekannt
6.	Transport-Code:	kein Gefahrengut
7.	Technische Schutzmaßnahmen:	Atemschutz bei Feinstaubanfall
8.	Entsorgung:	geordnete Deponie oder Verbrennung
9.	Alternativprodukte:	nicht vorhanden
10.	Verbrauch p. a.:	
11.	Lieferant:	

4.8 Umweltorientierte Materialwirtschaft

Die Materialwirtschaft der Unternehmen ist eine Schlüsselstelle umweltorientierter Unternehmensführung. Nach den herkömmlichen Vorstellungen wird von einem „magischen Dreieck der Materialwirtschaft" ausgegangen, das folgende Komponenten beinhaltet:

- günstige Einstandspreise, dadurch geringe Materialgemeinkosten,
- hohe Lieferbereitschaft, dadurch hohe Produktqualität,
- hohe Liquidität, dadurch geringe Kapitalbindung und niedrige Bestände.

Eine ökologisch orientierte Materialwirtschaft muß zusätzlich ein zweites magisches ökologisches Dreieck berücksichtigen:

- Ressourcenschonung,
- hoher Vewertungsgrad des Inputmaterials,
- schadstoffarme Produktion und Produkte,

Alle im Unternehmen eingesetzten und anfallenden Produkte und Zwischenprodukte müssen neben den herkömmlichen Einkaufskriterien wie Qualität, Preis, Mengenverfügbarkeit und Lieferzuverlässigkeit einer Umweltverträglichkeitsprüfung unterzogen werden. Als Grundlage zur ökologischen Bewertung der betrieblichen Einsatzstoffe (Stoff-Controlling) eignet sich die Stoffliste. Sie ermöglicht die Erfassung des Ist-Zustandes der im Betrieb eingesetzten Materialien und eine erste ökologische Bewertung. Die detaillierte ökologische Bestandsaufnahme von Einsatzstoffen sollte mittels einer ABC-Analyse vorgenommen werden, anhand derer die Stoffe entsprechend ihres Grades an Umweltgefährdung eingeteilt werden können.

Produkte der A-Gruppe sind:

- alle Materialien, die im Sinne der Gefahrenstoff-Verordnung als gefährlich gelten oder Stoffe enthalten, die als gefährlich gelten;
- Produkte, deren Einsatz hohe Emissionswerte verursacht;
- Materialien mit Entsorgungsproblematik (Sonderabfall).

In die Kategorie B entfallen:

- eingesetzte Materialien, die zu späteren Entsorgungsproblemen bei Zwischen- oder Endprodukten führen;
- Materialien, mit denen ein hohes Abfallvolumen verbunden ist;
- Produkte, mit deren Herstellung ein extremer Ressourcenverbrauch oder anderweitige Umweltbelastungen verbunden sind;
- Produkte, die bei Ge- und Verbrauch die Umwelt belasten.

Die Produkte der Gruppe C gelten als nicht oder nur geringfügig umweltschädigend und können daher in der Unternehmung weiterverwendet werden. Stoffe der Kategorie A und B sollten in der Reihenfolge ihres Gefährdungsgrades und ihres Einsatzvolumens durch Substitutionsprodukte oder andere Alternativen ersetzt werden.

Interessante und preisorientierte Hinweise sind in dem Buch „Umweltorientierte Materialwirtschaft" von V. Stahlmann zu finden.

Ein weiteres einfaches und marktkonformes Instrument einer umweltfreundlichen Beschaffung ist die Verwendung von Produkten, die vom Umweltbundesamt mit dem „blauen Engel" gekennzeichnet sind. Diese Produkte haben sich im Vergleich zu anderen Produkten gleicher Anwendung als weniger umweltschädlich erwiesen. Sie bieten die Chance, bereits beim Einkauf einen wichtigen Beitrag zum Umweltschutz zu praktizieren. Mittlerweile umfaßt diese Stoffliste bereits rund 2500 umweltschonende Produkte. Sie reichen von asbestfreien Bremsbelägen, FCKW-freien Spraydosen, schadstoffarmen Lacken und Farben über Recyclingpapier und -druckerzeugnisse bis hin zu blei- und chromatarmen Korrosionsschutzanstrichen, umweltfreundlichen Kaltreinigern und wassersparenden Spülkästen. Den Katalog der mit dem „blauen Engel" gekennzeichneten Produkte können Sie beim Umweltbundesamt (Umweltbundesamt, Bismarckplatz 1, 1000 Berlin 33) beziehen.

4.9 Umweltorientierte Beschaffungspolitik

Beispiel: Papier

- Recycling- und Umweltschutzpapier stellt ein wichtiges Beispiel für den Ersatz von Primär- durch Sekundärrohstoffe dar. Die Umweltentlastung ist erheblich. Wird anstelle von Primärfaserstoffen Altpapier eingesetzt, so verringert sich der Wasserverbrauch um durchschnittlich 80 Prozent, der Energieverbrauch im Durchschnitt um 50 Prozent und die Abwasserbelastung um durchschnittlich 90 Prozent.

Die verstärkte Herstellung und Verwendung von hochwertigen Altpapierprodukten führt darüber hinaus zur Verringerung der Abfallmengen. Dadurch werden wiederum die Deponien entlastet, die Luftverunreinigung durch Altpapierverbrennung verringert und die Kosten zur Abfallbeseitigung oder Verbrennung in Höhe von bis zu 70 DM/Tonne eingespart. Gerade im Papierbereich ergeben sich neben der Entlastung der Umwelt erhebliche Kostenreduzierungen bei der Verwendung von Recycling- bzw. Umweltschutzpapier. So zeigt eine Dokumentation der Landesfinanzverwaltung Nordrhein-Westfalen, daß bei einem Jahresverbrauch von 120 Millionen DIN-A4-Blättern (Schreib-, Druck-, Kopier- und Tabellierpapier) eine Einsparung von 50000 bis 100000 DM erzielt werden kann.

Bei einem Gesamtauftragsvolumen von etwa 2,9 Millionen DM ergab sich eine Kostenreduzierung von 647000 DM. Das entspricht 22 Prozent der Gesamtkosten. Die Verwendung von Recycling- bzw. Umweltschutzpapier lohnt sich also sowohl für die Unternehmung als auch für die Umwelt.

Der Hausgerätehersteller Bosch konnte allein durch die Umstellung der Gebrauchsanweisungen auf Recyclingpapier eine jährliche Einsparung von ca. 1,3 Millionen DM erreichen.

Beim Einkauf und der Verwendung von Papier sollte daher auf folgende Punkte geachtet werden:

1. Der Gesamtpapierverbrauch und -gebrauch sollte überprüft werden. Möglichst den Papierverbrauch einschränken und Papier weiterverwenden.
2. Qualitätsansprüche an kurzlebige Verbrauchsgüter nicht überziehen. Für die meisten Einsatzbereiche reicht Umweltschutz- bzw. Recyclingpapier vollkommen aus. Schreib-, Druck- und Kopierpapier, Umschläge und Hefte aus Umweltschutzpapier haben sich im Alltag bewährt. Weißes holzfreies Papier sollte auf die Verwendung von Schriftstücken mit Dokumentencharakter beschränkt bleiben.
3. Altpapier sammeln und der Wiederverwertung zuführen.

Allgemeine Empfehlungen

● In der Materialwirtschaft einer Unternehmung – dies trifft auch für die Einkaufsstellen der Verwaltung zu – bieten sich zahlreiche Chancen, durch systematische Vergleiche und Einbeziehung ökologischer Auswirkungen praktischen Umweltschutz zu betreiben. Es werden Impulse für Lieferanten und Hersteller ausgelöst. Eine gesteigerte Nachfrage führt zur Kostendegression und damit zu sinkenden Preisen für umweltfreundliche Produkte. Im Produktionsbereich anfallende Gebrauchs- und Verbrauchsgüter sollten daher in jedem Fall umweltverträglich sein.

Dies betrifft u.a. folgende Produkte:

1. Lösungsmittelarme Lacke, Farben (ohne Pigmente auf der Basis von Blei, Chrom und Cadmium), Kleber und Holzschutzmittel (ohne PCB und Lindan) verwenden. Allein durch Lacke und Farben werden jährlich 350 000 Tonnen Kohlenwasserstoffe in Form von Lösungsmitteln in die Luft emittiert. Diese spielen nach Aussage des Umweltbundesamtes auch beim Waldsterben eine Rolle.
2. Umweltverträgliche Reinigungsmittel einsetzen, die vollständig biologisch abbaubar sind. Diese sind zwar bis zu einem Drittel teurer als herkömmliche Reiniger, die Mehrkosten werden durch größere Ergiebigkeit in der Regel jedoch wieder ausgeglichen.

3. Auf den Einsatz von „Unkraut-Vernichtungsmittel" verzichten. Im Notfall Rückgriff auf biologische Mittel.
4. Keine chemischen Insektenvertilgungsmittel einsetzen. Honiggetränkte Leimstreifen sind unbedenklich.
5. Spraydosen ohne Fluorkohlenwasserstoffe verwenden.
6. Energiesparende Langzeit-Leuchtstoffröhren verwenden.
7. Wiederaufladbare NC-Akkus anstelle von Einwegbatterien verwenden oder zumindest auf Zink-Luft-Batterien oder neu entwickelte quecksilberfreie Batterien zurückgreifen.
8. Automaten mit umweltfreundlich verpackten Produkten aufstellen.
9. Bei Instandsetzungsarbeiten auf die Verwendung umweltfreundlicher Produkte achten. Verwendung umweltfreundlicher Farben (siehe Punkt 1), Fußbodenbeläge aus Linoleum oder Keramik statt PVC, Elektroinstallation unter Verwendung von Kabelkanälen aus verzinktem Blech oder Aluminium statt PVC.
10. Übliche Büromaterialien durch umweltschonende ersetzen:
    – Ablagekörbe aus Pappe, Karton, Holz oder Weißblech,
    – Karteikästen aus Holz,
    – Ordner aus Pappe ohne Kunststoffkaschierung mit trennbarem Deckel und Hebemechanik,
    – Hefter und Mappen aus Pappe,
    – Papierkörbe mit Einlagen für sonstige Abfälle zur getrennten Papiersammlung aus Holz, Korbgeflecht oder Altpapier,
    – Schreibstifte mit Wechselminen, nachladbare Tintenschreiber, Füller und unbehandelte Bleistifte,
    – lösungsmittelfreie Leime, Kleister und Klebstifte,
    – Korrekturflüssigkeiten auf Wasserbasis.

Dieser Katalog von Kurzempfehlungen kann nicht vollständig sein. Er umfaßt lediglich Empfehlungen allgemeiner Art. Die Umstellung auf eine konsequente ökologische Materialwirtschaft muß betriebsspezifisch erfolgen.

4.10 Umweltfreundliche Verfahrenstechnik

Umweltfreundliche Materialien erfordern in einigen Fällen neue Verarbeitungsverfahren. Vor diesem Hintergrund erweist sich die Materialwirtschaft von entscheidender Bedeutung. Die Art der verwendeten Einsatzstoffe hat häufig bereits die Festlegung auf ein Fertigungsverfahren zur Folge, das wiederum Probleme auf der Entsorgungs- und Emissionsseite hervorrufen kann und dann seinerseits etwaige Nachrüstungen bedingt.

Umweltfreundliche Unternehmensführung verlangt daher einen ganzheitlichen Ansatz, der die Aspekte der einzelnen Funktionsbereiche nicht isoliert, sondern im Zusammenhang betrachtet. Gleichzeitig erweist sich, daß die Konzeption der nachgeschalteten Reinigung, die sogenannten „End-of-the-pipe-Technologien" auf Dauer nicht erfolgreich sind. Sie verursachen oft erhebliche Zusatzkosten und können die Wirkungsgrade der Anlagen verschlechtern.

Dazu müssen viele nachgeschaltete Reinigungsfilter als Sondermüll entsorgt werden. Es ist daher eine der ältesten umweltpolitischen Forderungen, Umweltbelastungen erst gar nicht entstehen zu lassen, sie zu vermeiden statt zu vermindern. Dies ist aus technischer Sicht auch der intelligentere Ansatz und kann in ökonomischer Betrachtung vielfach den Vorteil günstiger Kosten für sich verbuchen. Eine verstärkte Entwicklung, eine schnellere Diffundierung und ein flächendeckender Einsatz von Vermeidungstechnologien, die den Umweltschutz integriert berücksichtigen, ist deshalb anzustreben.

Beispiel: Lacke

Herkömmliche Lacke enthalten neben Kunst- und Naturharzen, Farbstoffen, Füllstoffen und Additiven in hohen Konzentrationen Lösungsmittel. Darunter fallen gesundheitsgefährdende Substanzen wie Xylol, Toluol, Trichloräthylen sowie andere chlorierte Kohlenwasserstoffe. Aus Gründen des Umweltschutzes wurden daher Lackrezepturen entwickelt, die weniger, andere oder sogar gar keine herkömmlichen Lösungsmittel mehr enthalten.

Bei den sogenannten „High Solids" reduziert man den Lösungsmittelanteil in dem Maße, daß sich der Lack gerade noch verarbeiten läßt. Der dadurch erhöhte Feststoffanteil ist aus ökonomischer Sicht von großem Vorteil, da die Einbrennlackierung bei geringeren Temperaturen durchgeführt werden kann. Das entlastet die Luft und das Energiebudget der Unternehmung.

Darüber hinaus werden in den letzten Jahren verstärkt wasserlösliche Dispersionsfarben von privaten Haushalten und in industriellen Lackierverfahren genutzt und dadurch die Emissionen an chlorierten Kohlenwasserstoffen entsprechend vermindert. Die erzielbaren Erfolge sind bemerkenswert. So ging bei einem nordrhein-westfälischen Pumpenhersteller die Lösungsmittelemission nach der Umstellung von zwei Lackierstraßen auf wasserlösliche Lacke um über 95 Prozent zurück.

Eines der breitesten Anwendungsgebiete für Wasserlacke ist die Grundierung von Autokarosserien. Die Adam Opel AG setzt seit 1987 in ihrer Karosserielackiererei in Bochum Grund- und Decklacke auf Wasserbasis ein. Diese ermöglichen den Ersatz von etwa 7,5 Kilogramm Lösungsmittel, das pro Karosserie verspritzt wird, durch Wasser. Die Verdünner-Emissionen konnten dadurch auf 50g/m^2 lackierter Fläche beschränkt werden. Für diese umweltfreundliche Technologie wurde dem Automobilkonzern der dritte Umweltschutzpreis des BDI 1989/90 verliehen.

Die Lackindustrie rechnet damit, daß der Marktanteil der Wasserlacke auf etwa 50 Prozent in den nächsten drei bis fünf Jahren erheblich zunehmen wird.

Ein weiteres Ergebnis der Lackforschung sind eingefärbte, feingemahlene Kunststoffpulver, die trocken auf die zu lackierenden Flächen aufgesprüht werden. Danach wird der aufgebrachte Lack im Trockenofen eingeschmolzen. Nicht benötigtes Lackpulver wird im Kreislauf abgesaugt und zu etwa 99 Prozent wieder dem Lackiervorgang zugeführt. Mit diesem Verfahren werden nicht nur Luft und Gewässer geschont, sondern auch die Betriebsstoffe sparsam eingesetzt und damit effiziente Betriebsergebnisse erzielt.

Beispiel: Chlorbleiche

Bei den herkömmlichen Verfahren zur Gewinnung von Zellstoff für die Papierindustrie werden chlorhaltige Bleichmittel wie elementares Chlor, Hypochlorit oder Chlordioxid zur Nachbleiche des im Zellstoff enthaltenen Lignis eingesetzt. Diese sogenannte Chlorbleiche ist mit einer erheblichen Abwasserbelastung an absorbierbaren organischen Chlorverbindungen (AOX-Werte) verbunden.

Die Firma PWA Waldhof GmbH in Mannheim ersetzt seit 1989 dieses Verfahren durch eine Sauerstoff-Peroxid-Restdelignifizierung. Durch diesen Verzicht von Chlorverbindungen zur Zellstoffbleiche konnten sowohl die Abwässer als auch der Zellstoff von chlororganischen Verbindungen freigemacht werden. Durch flankierende Umweltschutzmaßnahmen in der Zellstoffaufbereitung wurde außerdem der chemische Sauerstoffbedarf der Abwässer um 98 Prozent reduziert und damit eine drastische Verbesserung der Abwassergüte erzielt. Für diese Umweltstrategie der PWA Waldhof, wurde die Firma 1990 mit dem Umweltschutzpreis des BDI prämiert.

Beispiel: Lösungsmittel

Für die Reinigung von Abluft werden herkömmlicherweise sogenannte Biowaschverfahren oder thermische Verfahren eingesetzt. Thermische Verfahren haben den Nachteil, daß bei der Verbrennung Sekundäremissionen von Stickstoffoxid, Kohlenstoffdioxid und Schwefeldioxid entstehen sowie toxische organische Verbindungen auftreten können.

Die herkömmlichen Biowäscher arbeiten im Prinzip als eine Kombination von zwei bekannten Verfahren: gasförmige Schadstoffe werden aus der Luft in ein geeignetes Waschmedium absorbiert, und diese Schadstoffe werden aus dem Wasser durch aeroben-biologischen Abbau entfernt. Die Anwendung dieser Verfahren war bislang jedoch nicht möglich bei Abluftinhaltsstoffen, die schwer wasserlöslich sind, wie z. B. aromatischen Kohlenwasserstoffen, da diese nicht aus der Luft in das Waschmedium überführt werden konnten.

Die Keramchemie GmbH, Siershahn, hat ein Verfahren entwickelt, das es ermöglicht, jetzt auch schwerwasserlösliche Verbindungen aus der Abluft zu entfernen (Biosolvverfahren). Dieses geschieht wie folgt: toxikologisch unbedenkliches, extrem hochsiedendes, mit Wasser nicht mischbares Lösungsmittel wird dem Belebtschlamm-Wassergemisch im Biowäschersystem zugefügt, der als eine Art Lösevermittler für den abzubauenden Stoff zwischen Luft und Wasser wirkt. Das Biosolverfahren hat gegenüber den thermischen Verfahren den weiteren Vorteil, daß es den Verbrauch an Primärenergie auf bis zu ein Zehntel reduziert.

Dieses Verfahren kann überall dort eingesetzt werden, wo Lösungsmittel verwendet werden. Ein großes Hauptanwendungsgebiet dürfte die Reinigung von Abluft aus Spritzkabinen der Automobilindustrie sein.

4.11 Umweltgerechte Entsorgung

- Die Abfallberge in der Bundesrepublik werden Jahr für Jahr größer. Insgesamt fallen jährlich 250 Millionen Tonnen Abfall an. Davon entstammen 40,8 Prozent aus der gewerblichen Produktion. Ihr Anteil am Sondermüllaufkommen ist dabei noch wesentlich höher. Dabei zeichnet sich ab, daß die Entsorgung von Produktionsabfällen in naher Zukunft immer kostspieliger wird.

Bundesweit fehlen etwa 15 Sondermüllverbrennungsanlagen. Zugleich werden Standorte für solche Anlagen politisch immer schwieriger durchsetzbar. Auch der legale Mülltourismus, der das Abfallproblem der Bundesrepublik bislang in andere Länder verlagern konnte, wird nicht nur durch die Schließung der DDR-Deponie in Schönberg, sondern auch aufgrund des Widerstandes in der Bevölkerung in diesem Maße nicht fortsetzbar sein.

Demgegenüber stehen verschärfte Anforderungen der Unternehmen an die Entsorgung von Beriebsabfällen und insbesonders für Sondermüll. Die sich in Vorbereitung befindende TA Abfall wird dazu einheitliche Richtlinien formulieren. Das betriebliche „Müllmanagement" wird durch diese neuen Entsorgungsvorschriften und die steigenden Entsorgungskosten daher im Management einen hohen Stellenwert erhalten. Das Ziel wird ein produktionsintegrierter Umweltschutz sein, der potentiellen Sondermüll direkt bei der Produktion verhindert und nicht vermeidbare Abfallstoffe weitestgehend der Wiederverwendung zuführt.

Nach Schätzungen des Umweltbundesamtes sind auf diese Weise bis zum Jahr 2000 rund 60 Prozent des Sondermülls einzusparen. Ein umweltorientiertes Unternehmen sollte sich daher zur Aufdeckung von Vermeidungspotentialen laufend über den neuesten Stand der Entsorgungs- und Recyclingtechnik informieren und das entsprechende Know-how bereits bei der Produktentwicklung, bei der Entwicklung und Auswahl der Fertigungsverfahren und bei der Materialbeschaffung berücksichtigen. Die Entsorgungs- und Recyclingsmöglichkeiten sollten dabei einer systematischen Planung unterworfen werden. Dazu gehören:

1. Istanalyse aller betrieblichen Einsatzstoffe und anfallenden Zwischenprodukten mittels der Stoffliste:
   - Rückstände benennen, beschreiben und identifizieren,
   - Rückstände mittels Rückstandsschlüssel kennzeichnen.
2. Möglichkeiten der Abfallvermeidung durch ein Unterbinden schädlicher Rückstände bei der Produktion überprüfen:
   - Einsatz möglicher Substitutionsprodukte überprüfen,
   - Verwendung neuer Produktionsverfahren überprüfen.
3. Möglichkeiten der Abfallminderung durch Reduktion der entstehenden schädlichen Rückstände bei der Produktion überprüfen.

4. Möglichkeiten der Abfallverwandlung durch pyhsikalische und chemische Transformation in unschädliche Substanzen und Energien prüfen.
5. Abfallnutzung durch Rückführung von Abfällen und Schadstoffen in die eigene und fremde Produktion prüfen (Zusammenarbeit mit den DIHT-Abfallbörsen).
6. Recyclingmöglichkeiten im eigenen Unternehmen und extern prüfen.

Beispiel: Schwermetallrecycling

Bei der Aufbereitung galvanischer Abwässer können die durch Neutralisation ausgefällten Schwermetalle recycliert werden. Auf diese Weise gelingt es, Kobalt und Nickel, die insgesamt 10 bis 12 Prozent des gefällten Trockenschlammes ausmachen, zurückzugewinnen. Eingesparte Deponiekosten und Gutschriften für das zurückgewonnene Kobalt summieren sich zu beachtlichen Kostenvorteilen.

Eine solche Abwasserreinigungsanlage wurde in der Firma Ernst Winter & Sohn, Norderstedt, installiert. Winter ist ein Musterbeispiel umweltfreundlicher Unternehmensführung. In einem integrierten System (Winter-Modell), in dem der Umweltschutz als offizielles Unternehmensziel deklariert wurde, sind alle Unternehmensbereiche einbezogen. Es reicht von der Ausbildung von Lehrlingen, der Erwachsenenaus- und weiterbildung, der Programmpolitik und der Forschung und Entwicklung bis hin zur Produktion und zum Recycling, der Bauweise eines neuen Werks und der Ausstattung und Wahl der Firmenfahrzeuge.

Beispiel: Farbeimer

Das Mehrwegeimersystem der Firma Friedrich Wilhelm Wiegand und Söhne GmbH, Oberhausen, basiert auf der Wiederverwendung von Lack- und Farbeimern. In einem ersten Schritt wurden 700000

Einweg-Gebinde durch 125 000 Mehrwegeimer ersetzt. Dadurch werden jährlich 450 Tonnen des Herstellungsmaterials Polyäthylen, das als Sondermüll die Deponien belastet, eingespart. Gleichzeitig werden bei jedem zurückkommenden Farbeimer durchschnittlich etwa 600 Gramm Farbe, die bislang ebenfalls in den Müll wanderten, gereinigt und wiederverwendet. Damit wird die Umwelt jährlich um mindestens 420 Tonnen Farbreste entlastet.

Insgesamt ergibt sich also eine Verringerung umweltgefährdender Abfälle um fast 900 Tonnen im Jahr. Diese Recyclingmaßnahme ist ohne Preiserhöhung erfolgt: durch die Einsparungen für die bisher verwendeten Wegwerfeimer, die Rückgewinnung der Farbreste sowie durch zinsgünstige Landesmittel zur Förderung von Umweltschutzinvestitionen.

Beispiel: Altfahrzeuge

Ein neues Konzept zur Wiederverwertung von Materialien alter Kraftfahrzeuge startete Anfang April 1990 die Volkswagen AG zusammen mit dem Shredder-Unternehmen Heeren in Leer. Da vor allem der steigende Kunststoffanteil der Automobile immer mehr Entsorgungsprobleme schafft, werden in dem neuartigen Demontageobjekt effektive Verfahren für eine Vorab-Separation der verschiedenen Materialien erprobt, um sie sortenrein einer Wiederverwertung zuführen zu können. Das Ziel ist das Recycling aller im Kraftfahrzeug verwendeten Materialien.

4.12 Umweltfreundliches Energiemanagement

Jeglicher Verbrauch von Energie aus nicht-regenerierbaren Energiequellen ist mit Umweltbelastungen verbunden. Bei der Verbrennung fossiler Brennstoffe entsteht Kohlendioxid (CO_2), das in die Luft abgegeben wird – in einer Menge von weltweit jährlich 20 Milliarden

Tonnen. CO_2 ist der Hauptverursacher des Treibhauseffektes und damit maßgeblich für die zu erwartenden Klimaveränderungen verantwortlich zu machen. Ein technisches Rückhalteverfahren für CO_2 existiert nicht, so daß eine Verringerung der CO_2-Belastung durch End-of-the-pipe-Technologien nicht erreicht werden kann. Eine Entlastung der Umwelt ist vielmehr durch die drastische Reduzierung des Verbrauchs fossiler Brennstoffe möglich.

Nach Untersuchungen der Prognos AG Basel vom September 1987 ist in der gewerblichen Wirtschaft in der Bundesrepublik durchschnittlich ein Einsparpotential von 20 Prozent vorhanden. Energieverschwendungen sollten deshalb aufgedeckt und sinnvolle Wege zur Energieeinsparung beschritten werden. Welche Möglichkeiten hier bestehen, zeigt das Angebot unabhängiger, freier Energieberater, die ohne feste Vergütung Einsparungen in Unternehmungen aufzeigen und sich ihre Tätigkeit nur im Erfolgsfall durch einen Anteil an der jährlichen Ersparnis über einen bestimmten Zeitraum vergüten lassen.

Energiekonzept

Zur Bestimmung und Verbesserung der Energiesituation einer Unternehmung ist ein Energiekonzept erforderlich. Diese umfaßt folgende Arbeitsschritte:

1. Verbrauchsdaten erfassen, technische Möglichkeiten analysieren und Zielsetzung definieren,
2. Ist-Zustand analysieren, Einsparpotential ermitteln und mögliche Sparmaßnahmen und ihre wirtschaftliche Bedeutung zusammenstellen,
3. Energiekonzept erstellen, Zeitplan seiner Realisierung festlegen, Finanzierungsplan ausarbeiten und organisatorische Voraussetzungen schaffen,
4. Realisierung der Einsparmaßnahmen und Erfolgskontrolle.

Energiebeauftragter

Der Energiebeauftragte ist für die Erstellung des Energiekonzeptes verantwortlich. Gleichzeitig ist er nach Realisierung zur ständigen Überwachung und Verbesserung der Energiesituation einer Unternehmung einsetzbar. Zu seinen Aufgaben zählen weiterhin:

- Information der Beschäftigten über den Energiebedarf bei unterschiedlichen Einsatzbereichen und über die Notwendigkeit rationeller Energienutzung,
- Anleitung und Motivierung zum bewußten, sparsamen Umgang mit Energie,
- Erfassung und Analyse der betrieblichen Energiedaten,
- Ausarbeitung von Einsparmaßnahmen,
- Gesprächspartner für Energieversorgungsunternehmen, externe Berater und die Betriebsleitung.

Energielieferverträge

Die Beschäftigung mit Energie-Lieferverträgen und Tarifen ist ein wichtiges Feld im Maßnahmenkatalog der organisatorischen Einsparmöglichkeiten. Vor allem bei relativ hohem Stromkostenanteil lohnt es sich, die Möglichkeiten des Tarifgefüges (z. B. Leistungs- und Arbeitspreis, Hoch- und Niedrigtarif, Blindstrom und Wirkstrom, Heizstrom mit und ohne Grundleistung, Bereitstellungs-, Ersatz- und Reserveleistung, Sonderabnehmervertrag) optimal zu nutzen. Entscheidend ist, ob und in welchen Umfang die Inanspruchnahme teurer Gas- und Stromleitungen vermieden werden kann.

Hierdurch und durch eine optimale Vertragsgestaltung lassen sich zum Teil erhebliche Kosteneinsparungen realisieren. Die Bemühungen um rationelle Energieerzeugung werden dann auch wirtschaftlich interessant.

Ein norddeutscher Lebensmittelfilialist spart z. B. allein durch die Umstellung vom Gewerbetarif auf einen Niederspannungstarif und intensive Sondernutzung des günstigeren Nachtstroms ohne jegliche Investition jährlich bis zu 7000 DM pro Filiale an Stromkosten.

Bislang sind die Lieferverträge der bundesdeutschen Energieversorgungsunternehmen jedoch nicht in der Weise ausgelegt, daß sich Energiesparen in jedem Falle lohnt. Großverbraucher erhalten gegenüber Kleinverbrauchern günstigere Lieferkonzessionen.

Vorbildlich ist in diesem Zusammenhang das auf Seite 100 beschriebene Pilotprojekt der USA-Staaten Oregon, Washington, Idaho und Montana. Derartige Entwicklungen werden auch in Deutschland in den nächsten Jahren die Energiepolitik mitbestimmen.

Kurzfristige Energieeinsparungen ohne Investitionsaufwand lassen sich durch die Vermeidung überflüssiger Energieverbräuche realisieren. Nutzlos und vermeidbar sind zum Beispiel:

- überheizte Räume,
- Beleuchtung und Beheizung nicht genutzter Gebäudeteile,
- kontinuierliche und zu starke Raumlüftung,
- falsches Fahrverhalten bei Firmenfahrzeugen,
- Leerlaufzeiten von Maschinen und Anlagen,
- zu hohe Sicherheitszuschläge bei der Festlegung von Bearbeitungs- und Prozeßdaten.

Diese Maßnahmen setzen eine entsprechende Aufklärung, Anweisung und Kontrolle der Mitarbeiter voraus.

Beispiel: Wärmeschutz an Gebäuden

● Mangelnder Wärmeschutz in Betrieben und Privathäusern verursacht einen Mehrbedarf an Heizenergie von etwa 50 Prozent. Da der Hauptteil der betrieblichen Energiekosten auf die Wärmeerzeugung fällt, sind gezielte Maßnahmen zur Einschränkung des Wärmebedarfs in vielen Fällen bereits kurzfristig kostenwirksam.

Grundsätzlich bedeutet das, daß Betriebsgebäude so beschaffen oder instandgesetzt werden sollten, daß alle Wärmeverluste minimiert werden können. Bei der Planung neuer Gebäude empfiehlt es sich, von vornherein ein integriertes Gebäude- und Energiekonzept zu erstellen, in dem sämtliche Einflußgrößen, Verbrauchsstellen und Energieströme erfaßt werden. Ein solches Konzept kann vom Energiebeauftragten unter Zuhilfenahme externer Berater angefertigt werden.

Bei vorhandenem, besonders bei älterem Baubestand gibt es eine Vielzahl von Ansatzpunkten, durch Verbesserung der Außenhülle Heizenergie einzusparen. Die häufigsten Schwachstellen sind:

- ungenügende Wärmedämmung der Außenwände, Dachkonstruktionen und Kellerdecken,
- undichte Wandkonstruktionen und Kältebrücken im Mauerwerk,
- einfach verglaste Fenster, oft in kittloser Bauart,
- Türen und Tore, die allzu häufig offen stehen.

Identifizieren lassen sich derartige Wärmelecks durch rechnerische Überprüfung des Wärmeschutzes und Thermographie (Sichtbarmachung der Wärmeabstrahlung anhand von Infrarotbildern).

Beispiel: Wärmeerzeugung

● Heiz- und Dampfkessel sind in vielen Betrieben große Energieverbraucher und in vielen Fällen auch große Energieverschwender. Sie sollten daher immer dem technisch neuesten Standard entsprechen. Unnötig hohe Stillstandszeiten und niedrige Jahresnutzungsgrade sind in jedem Falle zu vermeiden. Unnötig hohe Verbräuche verursachen auch fehlende Regeleinrichtungen.

Grundsätzlich sind folgende Maßnahmen zur Energieeinsparung bei der Wärmeerzeugung unbedingt zu empfehlen:

1. Ordnungsgemäße Isolierung von Armaturen und Rohrleitungen. Die Heizungsanlagenverordnung schreibt 20–35 Millimeter dickes Isolierungsmaterial vor.

2. Regelmäßige Wartung der gesamten Anlage. Eine nur ein Millimeter starke Rußablagerung im Kessel kann zu einem Ölmehrverbrauch von bis zu 5 Prozent führen. Auch das Regelsystem sollte in angemessenen Zeitabständen kontrolliert werden.
3. Analyse des Schornsteinfegerprotokolls für Ölheizungen. Folgende Richtwerte sind einzuhalten:
   - Abgasverlust nicht höher als 10 Prozent,
   - Abgastemperatur zwischen 160 und 260°C,
   - Kohlendioxidgehalt zwischen 11 und 13,5 Volumenprozent,
   - Rußzahl zwischen 0 und 1.
4. Einbau von Abgasklappen, die Wärmeverluste während der Stillstandszeiten verringern, sowie Einbau von Zugreglern zur Optimierung des Kaminzugs.
5. Bei großen Kesseleinheiten kann die Zusatzinstallation eines klein dimensionierten Sommerkessels für die Warmwasserversorgung wirtschaftlich sinnvoll sein.
6. Einbau neuer Brenner mit guten Regeleigenschaften.
7. Absenkung der Abgastemperatur durch Einbau von Nachschalt-Heizflächen.
8. Reduzierung der Raumtemperatur gemäß der Arbeitsstätten-Richtlinien und andere organisatorische Maßnahmen.
9. Installation drehzahlgeregelter Umwälzpumpen in Hauptversorgungsnetzen.
10. Art, Wirkungsweise und Standort der Heizkörper überprüfen. Für optimale Luftführung bei Luftheizern sorgen. In Werkhallen gegebenenfalls Strahlungsheizflächen einsetzen.

Beispiel: Wärmerückgewinnung

● Trotz beachtlicher Einsparungen steckt in vielen Betrieben noch das ungenutzte Energieeinsparpotential der Abwärme. Diese fällt beim Betrieb von Motoren und Maschinen, Kühlaggregaten und Produktionsanlagen, bei der Raumlüftung und bei Abwässern, beim Trocknen und anderen Fertigungsverfahren an. Dieser unvermeidliche Wärmeverlust ist nutzbare Energie, die sich vielfach kostensenkend einsetzen läßt. Die Firma IBM spart beispielsweise allein durch die Nutzung der von Computern ausgestrahlten Wärme für die Beheizung der Büroräume jährlich 400 000 DM.

Jede für die Kühlung als Antriebsleistung verbrauchte Kilowattstunde Strom erzeugt bis zu zwei Kilowattstunden Abwärme, die sich zur Erwärmung von Wasser und Gebäuden nutzen läßt.

Auch die Abwärme von Industrieöfen läßt sich als Vorwärme der Verbrennungsluft bzw. des Produktionsgutes einsetzen. Maschinen und Motoren arbeiten mit begrenzten Wirkungsgraden. Der Otto-Motor setzt beispielsweise nur etwa 13 Prozent der eingesetzten Energie in mechanische Arbeit um. Die unverbrauchte Restenergie geht hauptteilig als Abwärme verloren. Diese kann aufgefangen und an anderer Stelle als Heizenergie eingesetzt werden. Betriebe, in denen ein Großteil der Energiekosten für Trocknungsprozesse aufgewendet wird, müssen bei nicht genutzter Abwärme mit 20 – 60 Prozent höheren Energiekosten kalkulieren.

Auch im Abwasser und der Raumluft ist Wärme enthalten, die sich für andere Zwecke nutzen läßt.

Beispiel: Kraftmaschinen

Unterschiedliche Fertigungsverfahren für gleiche Produktionszwecke können sich – je nach Auslegung und Auslastung – im Energiebedarf erheblich unterscheiden. Je höher die spezifischen Energiekosten, d. h. je höher ihr Anteil an den Stückkosten, desto lohnender ist die Analyse des Produktionsprozesses hinsichtlich der Leistung und des Energiebedarfs des Maschinenparks. In energieintensiven Branchen sind die Energiekosten ein bestimmender Wettbewerbs-, in den Bereichen geringeren Energieeinsatzes ein wichtiger Rationalisierungsfaktor.

Häufigste Ursachen eines überflüssigen Energiemehrverbrauchs im Produktionsprozeß sind:

- überdimensionierte Anlagen,
- unzureichende Abstimmung von Antriebsmaschinen an den Leistungsbedarf betrieblicher Anlagen,
- Druckluftanlagen (Undichtigkeiten, gegenüber den Erfordernissen erhöhter Druck und ungenutzte Abwärme).

Derartige Schwachstellen des Energiemanagements lassen sich durch den Einsatz computergesteuerter Regeltechnik beheben. Diese ermöglicht die Aufzeichnung und Kontrolle der Energieströme, die Spitzenlast-Verbrauchsoptimierung und läßt sich als Planungsinstrument für Simulationsrechnung im Hinblick auf die optimale Auslegung des Systems einsetzen.

Darüber hinaus führen die Bemühungen zur Energieeinsparung zunehmend zu Innovationen im Bereich der Techniken und Verfahren. Diese neuen Methoden arbeiten mit höheren Wirkungsgraden als herkömmliche oder veraltete Verfahren, sind daher wirtschaftlicher und liefern nach entsprechenden Amortisationszeiten einen positiven Beitrag zur Ertragsrechnung.

In einigen Branchen lassen sich durch diese neuen technischen Entwicklungen – z. B. Unterbrandkessel, Einblasefeuerung, vollautomatische Beschickung und Entaschung, Anlagen zur Kraft-Wärme-Kopplung – betriebliche Abfälle zur Energieerzeugung einsetzen. Dies betrifft vor allem holzverarbeitende und landwirtschaftliche Betriebe (Biogas) sowie Unternehmungen mit hohem Anfall an Verpackungsmaterial.

Beispiel: Beleuchtung

Auch bei Beleuchtungsanlagen sind unter Beachtung von DIN-Normen und Arbeitsstätten-Richtlinien Einsparpotentiale vorhanden. Strom läßt sich bereits durch einfache organisatorische Maßnahmen im Bereich der Beleuchtungsanlagen sparen. Besondere Einsparmöglichkeiten ergeben sich aus dem Einsatz von Leuchtstofflampen:

- Bei gleichem Stromverbrauch bieten Leuchtstofflampen im Vergleich zu Glühlampen etwa die dreifache Lichtausbeute und sechsfache Lebensdauer.
- Eine im Vergleich zu herkömmlichen Leuchtstofflampen zusätzlich gesteigerte Leistung erbringen Leuchtstofflampen der neuen Bauart. Die Typen L 58 W und L 36 W verbrauchen gegenüber den alten Lampen L 65 W und L 40 W 10 Prozent weniger Energie bei gleichzeitig höherer Lichtausbeute. Beim Umrüsten von alten auf neue Leuchtstofflampen können daher Einsparungen sowohl durch den reduzierten Verbrauch als auch durch eine Verringerung der Beleuchtungsquellen erzielt werden.
- Leuchtstofflampen sollten frühzeitig ausgewechselt werden. nach etwa zweieinhalb Jahren oder nach 7 500 Betriebsstunden verfügen die Lampen nur noch über zwei Drittel ihrer ursprünglichen Leuchtkraft. Es ist sinnvoll, diese durch neue zu ersetzen, denn auch bei verminderter Lichtausbeute bleibt der Stromverbrauch unverändert. Er kann sich sogar dadurch erhöhen, daß zusätzliche Lichtquellen benötigt werden.

Beispiele für Energieeinsparungen in der Firma Ernst Winter & Sohn

	Investition (TDM)	Einsparung (TDM p. a.)
1. Umrüstung von Öl auf Erdgas – höherer Energiegehalt von Erdgas – günstigerer Preis von Erdgas	250	80
2. Einbau von Thermostaten	60	ca. 20
3. Einsatz von Leuchtstofflampen mit hoher Energieausbeute – Ersatz von 40-Watt-Lampen durch 9-Watt-Lampen – Verringerung des Wartungsaufwandes		noch offen
4. Einbau von Dampfbefeuchtern für die Klimaanlagen	60	50
5. Neue EDV-gesteuerte Klimaanlage mit Wärmerückgewinnung	25	noch offen
6. Sonnenschutzfenster und Außenjalousien für Klimaräume zur Entlastung der Kühlleistung	72	3
7. Einbau von Regelanlagen in die Heizungssysteme	120	ca. 38
8. Einbau von Rundsteuerungsanlagen – automatische prozeßgesteuerte Abschaltung von Energie-Verbrauchsstellen bei Nichtgebrauch	100	30

Beispiele für Energieeinsparungen		
	Investition (TDM)	Einsparung (TDM p. a.)
9. Umstellung der Klimaanlage von Wasser- auf Luftkühlung – Verringerung des Kühlwasserbedarfs	12	13
10. Verbesserung der Isolierung – Fassaden – EDV-Räume	100 70	nicht in Zahlen berechenbar
11. Be- und Entlüftung der Sozialräume durch Wärmerückgewinnung	8	nicht berechenbar
12. Meßtechnische Kopplung von zwei Werken – günstigere Stromtarif	–	40
13. Trennung der Kesselschaltung in Sommer- und Winterbetrieb	3	4
	880	278

4.13 Wasser- und Abwassermanagement

- Wasser ist ein lebenswichtiges Element. Ohne Wasser ist Leben nicht möglich. Zwei Drittel des Süßwasservorrates der Erde ist in den Gletschern der Polkappen gebunden. Das verbleibende Oberflächenwasser ist für den Menschen zum größten Teil nicht mehr oder bzw. nur durch aufwendige und komplizierte Aufbereitung verwendbar. Nutzbar bleibt das Grundwasser, das etwa 0,2 Prozent des Weltwasserreservoirs ausmacht. Durch vielfältige Verschmutzungen aus der Landwirtschaft (Pestizide und Nitrate), aus der gewerblichen Wirtschaft (z. B. chlorierte Kohlenwasserstoffe, Schwermetalle, Öle und andere giftige Verbrennungsrückstände) und aus der Mülldeponierung und -entsorgung ist jedoch nicht nur das Oberflächenwasser verunreinigt, sondern auch immer mehr das Grundwasser.

Schon 1981 gelangten rund 50000 verschiedene chemische Substanzen in einer Menge von 20 Millionen Kubikmetern in Flüsse, Seen und Meere. Damit wir auch in Zukunft noch sauberes und unbedenkliches Trinkwasser zur Verfügung haben, sollten wir deshalb mit unserem an sich ausreichenden Trinkwasserreservoirs sorgsam und sparsam umgehen. Das bedeutet zum einen, den Verbrauch wertvollen Trinkwassers auf ein Mindestmaß zu reduzieren, und zum anderen, Verunreinigungen so weit wie möglich zu reduzieren.

Einsparmöglichkeiten

Der Wasserverbrauch ist in den letzten Jahrzehnten in der Bundesrepublik erheblich gestiegen. Jeder Deutsche verbraucht heute im Durchschnitt rund 150 Liter pro Tag und davon nur einen verschwindend geringen Anteil als Trinkwasser und zur Nahrungsaufbereitung beim Kochen. 1985 betrug der tägliche Wasserverbrauch in der Bundesrepublik 121 Millionen Kubikmeter. Davon entfielen 3,2 Millionen Kubikmeter auf die Haushalte. Von dieser Wassermenge entfielen allein rund 70 Prozent auf die Toilettenspülung und auf Baden und Duschen. In Verwaltungsgebäuden dürfte dieser Anteil ähnlich oder noch höher liegen, da andere haushaltsübliche Verwendungen nur untergeordnete Bedeutung haben.

Dabei ließe sich allein durch die Umrüstung von Toilettenspülkästen etwa 40 Prozent des Wasserverbrauchs sparen. Die in der Bundesrepublik üblichen Spülkästen sind nach DIN 19542 auf 9 Liter pro Spülvorgang festgelegt. Dabei gibt es entsprechend einer Verlautbarung des Bundesministeriums des Innern bereits heute handelsübliche Spüleinrichtungen und Toilettenbecken mit hervorragenden Spüleigenschaften, die eine Herabsetzung der Normalspülmenge auf 6 Liter auch bei ungünstigen Einsatzbedingungen zulassen.

Herkömmliche Toilettenspülkästen lassen sich mit geringem Kostenaufwand (10 DM) mit einem Wasserbegrenzer nachrüsten. Auf diese Weise wird der Wasserverbrauch pro Person und Jahr um rund 5000 Liter reduziert. Bei 100 Mitarbeitern entspricht das bereits einer Kosteneinsparung von 500000 Litern jährlich. Auch weitere Maßnahmen zur Einsparung und Mehrfachnutzung von Wasser sollten systematisch untersucht und angewendet werden. Im einzelnen ergeben sich die folgenden Schwerpunkte:

1. Einholung eines Gutachtens über die Möglichkeiten weiterer Wassereinsparungen (Untersuchung aller Wasserläufe und Verbrauchsstellen sowie konkrete Empfehlungen maßgeschneideter Lösungen für einen optimalen Wasserkreislauf).
2. Verringerung des Wasserverbrauchs in WCs und Duschen durch Einbau wassersparender Geräte.
3. Einbau von Durchflußbegrenzern bei Waschanlagen.
4. Instandsetzung undichter Zapfstellen (durch einen tropfenden Wasserhahn, der nur 10 Tropen in der Minute verliert, gehen im Jahr 2000 Liter verloren).
5. Absenkung des Netzdruckes.
6. Trennung der Wasserversorgung nach Qualität und Quantität (Trink-, Brauch- und Industriewasser).
7. Möglichkeiten des Recyclings von Produktionswasser sowie der Mehrfachnutzung von Wasser in Kreislaufsystemen überprüfen.
8. Zur Betriebskontrolle Wasseranlagen mit Manometern, Thermometern, Durchflußmeßgeräten und Drosselventilen überall dort ausrüsten, wo es sinnvoll und wirtschaftlich erscheint.
9. Kühlwassermengen auf das Mindestmaß begrenzen (z. B. Einsatz luftgekühlter Klimaanlagen, Rückkühlung).

Beispiel: Wassereinsparung

In einem Verwaltungsgebäude mit 700 Mitarbeitern ergeben sich allein durch den Einbau von Spararmaturen in Wasserhähne und Spülkästen folgende Einsparmöglichkeiten:

Wasserhähne

Die Durchflußmenge bei halbgeöffnetem Hahn beträgt im Durchschnitt 10 Liter pro Minute. Die durchschnittliche Benutzungsdauer pro Verbraucher wird auf 4 Minuten geschätzt. Daraus ergibt sich eine tägliche Gesamtfließdauer von 2800 Minuten à 10 Liter (28 cbm).

Spülkästen

Pro Spülung sind 9 Liter erforderlich. Bei dreimaliger Nutzung pro Tag verbrauchen daher 700 Mitarbeiter insgesamt 18 900 Liter pro Tag (18,9 cbm).

Der jährliche Wasserverbrauch bei 220 Arbeitstagen errechnet sich daraus wie volgt:

Wasserhähne: 28,0 cbm x 220 = 6 160 cbm
Spülkästen: 18,9 cbm x 220 = 4 158 cbm
                                 10 318 cbm

Bei einem zugrundegelegten Gesamtwasserpreis von 2,10 DM/cbm ergeben sich jährliche Wasserkosten in Höhe von 21 668 DM.

Demgegenüber stehen die Einsparungen durch Spararmaturen, die mit 40 Prozent zu Buche schlagen:

Jährliche Kostenersparnis: 8 670 DM
./. Materialkosten für Nachrüstung 1 800 DM
                               6 870 DM

Im ersten Jahr der Umstellung auf Spararmaturen belaufen sich die Kosteneinsparungen auf 6870 DM bei einem Minderverbrauch des Rohstoffes Wasser von rund 4130000 Litern.

Abwasserbehandlung

Vorrangiges Ziel vor der Abwasserbehandlung sollte die Vermeidung von Abwässern sein. Die Entwicklung im Abwasserbereich verläuft daher auch immer mehr weg von nachgeschalteten Aufbereitungsverfahren und hin zu Verfahren, die die Umweltvorsorge bereits integrieren. Die Daimler AG betreibt beispielsweise eine praktisch abwasserfreie Galvanik, die 99,5 Prozent des eingesetzten Chroms auf das Produkt aufbringt. Dies entspricht im Vergleich zu herkömmlichen Verfahren einer Verdopplung des Wirkungsgrades. Die Anlage amortisierte sich bei einem Investitionsvolumen von 3 Millionen DM bereits nach etwa einem halben Jahr.

Da das Abwasseraufkommen in hohem Maße von den eingesetzten Betriebsstoffen und den Wirkungsgraden des Fertigungsverfahrens abhängt, besteht zwischen Abwassermanagement und Materialwirtschaft sowie der Verfahrenstechnik eine enge Verflechtung. Es sollte daher bereits im Rahmen der Materialwirtschaft erklärtes Ziel sein, Betriebsstoffe mit hohem Schadeintrag in Abwässer möglichst durch umweltfreundliche Substitutionsprodukte zu ersetzen. Ist eine derartige Umstellung aus wirtschaftlichen Gründen nicht vertretbar oder aufgrund fehlender Alternativen technisch nicht durchführbar, sollte in jedem Falle eine nach den technischen Möglichkeiten optimale Vorreinigung der Abwässer erfolgen.

Die Novellierungen des Abwasserabgabengesetzes machen diese Verringerung der Schadstofffrachten wirtschaftlich immer rentabler.

4.14 Lärm-Management

- Lärm gehört zu den Umweltbeeinträchtigungen, die in ihrer Wirkung als besonders störend empfunden werden. Rund drei Viertel der Bevölkerung fühlt sich durch Lärm belästigt oder gar belastet. Schon hörschwellennahe tieffrequente Geräusche können Aufmerksamkeit und Konzentration und damit eben auch die Leistungsfähigkeit eines Menschen negativ beeinflussen.

Lärmimmissionen verursachen jedoch nicht nur Unbehagen, sondern bergen auch die Gefahr gesundheitlicher Dauerschäden, wie beispielsweise irreparable Lärmschwerhörigkeit. Permanenter Lärmstreß ist darüber hinaus als Auslöser komplexer Krankheitsbilder, vor allem des Herz-Kreislaufsystems bekannt.

Im Interesse der Gesundheit der Mitarbeiter ist das Lärmmanagement daher von großer Bedeutung und wirkt über eine geringere Zahl von Fehltagen und bessere Arbeitsergebnisse positiv auf die Produktivität der Unternehmung zurück.

Lärm ist in vielen Fällen Aussdruck vermeidbarer Reibungsverluste. Lärmminderung durch Behebung dieser technisch bedingten Lärmquellen bedeutet geringerer Energieverbrauch, niedrigere Wartungskosten, erhöhte Betriebssicherheit, verlängerte Lebensdauer und damit verbesserte Wirtschaftlichkeit. Grundsätzlich sollten Maßnahmen der Lärmminderung nach folgendem Grundkonzept vorgenommen werden:

1. rechtzeitige Planung, da nachträgliche Maßnahmen in der Regel erheblich teurer sind,
2. Lärmminderung an der Lärmquelle vornehmen statt nachträglicher Abschirmung,
3. Maßnahmen zur Lärmminderung an der lautesten Quelle beginnen.

4.15 Fuhrpark

Unter dem Begriff Fuhrpark wird die Gesamtheit der zur Abwicklung der Geschäftsabläufe notwendigen motorisierten Verkehrs- und Transportmittel verstanden.

Personenkraftwagen und Lastkraftwagen verursachen neben Lärmbelästigungen erhebliche Schadstoffbelastungen der Luft. Aus den Auspuffrohren der Autos gelangen mehr Schadstoffe in die Luft als aus den Industrieschloten der Bundesrepublik Deutschland. Jährlich sind dies unter anderem 6,2 Millionen Tonnen Kohlenmonoxid, 1,3 Millionen Tonnen Stickoxide, 650 000 Tonnen Kohlenwasserstoffe, darunter 50 000 Tonnen des krebserregenden Benzols sowie erhebliche Mengen an Schwefeldioxid, Ruß und Blei. Der Anteil an der gesamten Luftverschmutzung durch Kraftfahrzeuge beträgt beim Kohlenmonoxid 65 Prozent, bei den Stickoxiden 45 Prozent und bei den Kohlenwasserstoffen 37 Prozent. In den Innenstädten kann der durch Kfz-Abgase verursachte Anteil dieser Schadstoffe auf 80 – 90 Prozent der gesamten Luftverschmutzung steigen.

Die negativen Auswirkungen sind hinlänglich bekannt: Lungenerkrankungen, Schädigungen der Atmungsorgane, Veränderungen des Blutbildes, Kreislaufstörungen beim Menschen und Waldsterben (Hauptverursacher sind Umwandlungsprodukte des Stickoxides). Jeder nicht im Automobil verbrannte Liter Sprit und jede Senkung der bei der Verbrennung freigesetzten Abgasmenge und des beim Fahren verursachten Lärms ist daher ein Gewinn für den Menschen und die Umwelt.

Die Menge des Ausstoßes von Umweltschadstoffen durch Kraftfahrzeuge hängt entscheidend vom Verbrauchsverhalten ab. Bei einer durchschnittlichen Verbrauchssenkung von nur 5 Prozent könnten jährliche Kosten in Hhe von 1 600 000 000 DM eingespart werden. Gleichzeitig würde die Umwelt unter anderem mit 300 000 Tonnen Kohlenmonoxid und 50 000 Tonnen Stickoxid weniger belastet. Ein umweltfreundlicher Fuhrpark und umweltverträgliche Autonutzung hat daher im System einer ökologischen Unternehmensführung einen erheblichen Stellenwert.

Auch im Bereich des Fuhrparks gibt es zahlreiche Möglichkeiten, Ökonomie und Ökologie sinnvoll miteinander zu verknüpfen. Durch gezielte Maßnahmen können Umweltentlastungseffekte kostenneutral oder sogar kostensenkend erreicht werden. Ein umweltorientierter Fuhrpark sollte vor allem folgende Kriterien beinhalten:

1. Fahrzeuge, die mit einem geregelten Dreiwegekatalysator ausgestattet sind. Die Mehrkosten können über Steuerermäßigungen und zum Teil auch durch umweltschonendes Autofahren sowie durch rechtzeitige und vorbeugende Wartungsmaßnahmen ausgeglichen werden.
2. Verwendung von bleifreiem Kraftstoff.
3. Regelmäßige Kontrolle des Reifendruckes. Eine Abweichung von 0,5 bar vom vorgeschriebenen Reifendruck kann bereits einen Mehrverbrauch von 5 Prozent verursachen.
4. Einbau eines Nebenstrom-Ölfilters (Frantz-Filter). Einbaukosten können über die Ausdehnung der Ölwechselintervalle kompensiert werden.
5. Regelmäßiger Wartungsdienst mit Überprüfung der Zündanlage auf richtige Einstellung.
6. Überprüfung der Zündkerzen. Verrußte Zündkerzen führen zu schlechter Leistung und Vergeudung von Kraftstoff.
7. Regelmäßiger Wechsel der Luftfilter.
8. Einbau von Geräten zum Abschalten des Motors bei Wartezeiten.
9. Einbau einer Schubabschlatung. Die Schubabschaltung sperrt die Kraftstoffzufuhr, wenn der Fuß vom Gaspedal genommen wird. Dadurch sind Benzineinsparungen von bis zu 20 Prozent möglich.
10. Verwendung asbestfreier Brems- und Kupplungsbeläge.
11. Keine Verwendung von Metallic-Lackierungen. Diese Lackierung erfordert einen höheren Materialeinsatz und damit eine erhöhte Umweltbelastung während des Spritzvorgangs an aromatischen Kohlenwasserstoffen und Schwermetallen.

12. Runderneuerte Reifen mit Gütezeichen und Umweltengel verwenden.
13. Ausrüstung der Kraftfahrzeuge mit lärmarmen und langlebigen Auspuffanlagen. Auf dem Markt werden Anlagen angeboten, die bestimmte Grenzwerte für Lärm einhalten und eine garantierte Wartungsfreiheit von 2 Jahren oder 75 000 Kilometern haben.

Autonutzung

Persönliche Fahrweise und Fahrverhalten beeinflussen Kraftstoffverbrauch, Abgasbelastungen für Mensch und Umwelt sowie Fahrtkosten. Durch umweltverträgliches Fahrverhalten läßt sich ohne jeglichen Investitionsaufwand bis zu 25 Prozent Kraftstoff einsparen. Deshalb sollten folgende Maßnahmen gefördert werden:

1. Schulungen der Mitarbeiter zum umweltbewußtem Fahren. Diese Maßnahme ist vor allem bei großen LKW-Fuhrparks interessant.
2. Aggressives, hochtouriges Autofahren vermeiden. Durch zurückhaltende Fahrweise werden 20 – 30 Prozent der Energiekosten sowie 50 Prozent der Kohlenmonoxidemissionen eingespart. Laut Studien des Umweltbundesamtes verursacht ein aggressiver Fahrer soviel Lärm wie drei bis fünf vernünftige Fahrer.
3. Motor nicht im Stand warmlaufen lassen.
4. Kurzstrecken nach Möglichkeit vermeiden. Bei kaltem Motor (0°C Außentemperatur) liegt der Spritverbrauch direkt nach dem Starten bei 40 Liter pro 100 Kilometer, und nach einem Kilometer Fahrstrecke werden immer noch 20 Liter pro 100 Kilometer benötigt. Erst nach etwa 4 gefahrenen Kilometern normalisiert sich der Kraftstoffverbrauch.
5. Rechtzeitiges Schalten in den wirtschaftlichsten Gang. Den ersten Gang nur zum Anfahren benutzen und dann schnell in die nächsthöheren Gänge hochschalten.
6. Gleichmäßig und vorausschauend fahren. Je gleichmäßiger die Fahrweise, desto geringer der Kraftstoffverbrauch, der Verschleiß des Kraftfahrzeugs und die Umweltbelastung. Gleichzeitig wer-

den auch das „Nervenkostüm" und der Kreislauf weniger strapaziert.

Testergebnisse zeigten, daß ein „eiliger" Fahrer auf einer 28 Kilometer langen Strecke in der Stadt (32 Ampeln) 40 Prozent mehr Kraftstoff und Geld verbrauchte als bei gleichmäßiger Fahrweise. Der Zeitgewinn betrug dabei 7 Minuten.
7. Auch auf langen Autobahnstrecken konstante Geschwindigkeit einhalten. Bei einer Testfahrt benötigte der eilige Fahrer 175 Liter Kraftstoff auf 1 550 Kilometer, der konstant fahrende nur 125 Liter für die gleiche Strecke.
8. Sorgfältig mit dem Choke umgehen. Bei 20°C Außentemperatur sollte der Choke nicht benutzt werden. Bei 0°C kann der Choke bereits nach 30 Sekunden wieder halb hineingedrückt und nach 2 – 3 Minuten ganz ausgeschaltet werden. Bei nicht zurückgenommenem Choke werden zweimal mehr Kohlenwasserstoffe und sogar neunmal mehr Kohlendioxid produziert.
9. Einführung einer kontinuierlichen Buchführung über die Kraftstoffverbräuche der einzelnen Kraftfahrzeuge.
10. Veranstaltung eines Wettbewerbs zur Ermittlung des Fahrers mit dem günstigsten Spritverbrauch bei gleichen oder zumindest ähnlichen Bedingungen der zu fahrenden Strecken.
11. Unterstützung der Bildung von Fahrgemeinschaften der Mitarbeiter zur Arbeitsstätte.

Energieeinsparung im Fuhrpark

Allein durch kraftstoffsparende Maßnahmen lassen sich Einsparungen von 30 Prozent und mehr erreichen. Bei einem durchschnittlichen Verbrauch von 11 Litern pro 100 Kilometer und einer jährlichen Fahrleistung von 30 000 Kilometern führt die Einsparung von 3 Litern auf 100 Kilometern zu einer Einsparung von 900 Litern im Jahr bzw. 1 080 DM (bei einem Preis von 1,20 DM pro Liter). Bei einem Fuhrpark von 20 Kraftfahrzeugen summiert sich diese Summe bereits auf 21 600 DM.

4.16 Umweltbedingungen am Arbeitsplatz

Standortentscheidungen

- Schon bei der Suche nach einem neuen oder zusätzlichen Standort sollte die Chance genutzt werden, den Mitarbeiter und sich selbst die Arbeit unter guten Umweltbedingungen zu ermöglichen. Ein Standort mit bereits hohen Umweltbelastungen, wie zum Beispiel emissionsträchtige Betriebe, hohe Lärmintensität durch Verkehrseinrichtungen oder anderes sollte abgelehnt werden. Damit wird zugleich den Kommunen deutlich gemacht, daß eine Industrie- und Gewerbeansiedlungspolitik heute auch die Sanierung der Umwelt als wesentliches Element beinhalten muß. Betriebe die selbst „clean" sind, sollten sich nicht in einem belasteten Umfeld ansiedeln.

Bauwesen

Jedes Bauwerk stellt im weitesten Sinne eine mehr oder weniger große Beeinträchtigung der Umwelt dar. Bedenkt man weiterhin, daß ein Betriebsgebäude nicht nur den Unternehmensabläufen gerecht werden muß, sondern gleichzeitig einen hohen Imagewert besitzt und einen entscheidenden Einfluß auf die Arbeitsfreude und das Betriebsklima hat, so scheint es fast unumgänglich, daß ein Betriebsneubau nicht ausschließlich nach marktwirtschaftlichen Kriterien errichtet werden sollte. Vielmehr sollten auch umweltbezogene Aspekte in den Planungskatalog mit aufgenommen werden.

Dabei sollten sowohl bei Neubauten als auch bei Renovierungen alle Chancen genutzt werden, umweltverträglichere und gesunde Baustoffe einzusetzen. Die Berücksichtigung baubiologischer Kenntnisse einschließlich energie-, wasser- und rohstoffsparender Lösungen erreicht man am besten, indem man sich von einem entsprechend erfahrenen Architekten baubiologisch beraten läßt.

Folgende Einzelmaßnahmen wurden bei der Firma Ernst Winter & Sohn weitgehend realisiert:

Empfohlene baubiologische Maßnahmen	Begründung
1. *Gestaltung/Entwurf* Fassade in Ziegelsichtmauerwerk	warmes, natürliches Material
Betonung der einzelnen Geschosse, z.B. Rundbögen im Erdgeschoß	abwechslungsreiche Fassade
Einschnitte (Loggien) in der Fassade	Gliederung des langen Baukörpers, Belichtung der Flure, zusätzliche Aufenthaltszonen
Kantine mit großzügiger Terrasse	Grünoase im Arbeitsbereich
Fassadenbegrünung durch Bewuchs von unten und von den Loggien und zusätzlichen Pflanzkästen an der Fassade	Klimaverbesserung
2. *Konstruktive Maßnahmen* Außenwände aus einschaligem Ziegelmauerwerk	hohe Wärmespeicherfähigkeit, gutes hygroskopisches Verhalten, keine Verwendung von synthetischen oder natürlichen Dämmstoffen
Fenster mit zusätzlichen Lüftungsklappen	gezielte Lüftung der Räume möglich, insbesondere gute Abzugsmöglichkeiten von Stauwärme im Sommer
Außenliegender Sonnenschutz mit aufstellbaren Markisoletten	individuelle Bedienung, in Kombination mit verstellbarer Fensterkonstruktion optimaler Sonnenschutz mit guter Lüftungsmöglichkeit
3. *Belichtung/Beleuchtung* Oberlichter in den Fluren und Fenster oberhalb der Bürotüren	Tageslicht in den Fluren

Empfohlene baubiologische Maßnahmen	Begründung
Beleuchtung der Arbeitsplätze mit True-day-Leuchtstoffröhren – versuchsweise –	Kunstlicht mit hoher Anpassung an das natürliche Tageslichtspektrum, verhindert schnelle Emüdung, fördert Konzentration und Ausdauer, geringere Streßbelastung als bei herkömmlichen Röhren, energiesparend
4. Technischer Ausbau Fensterbankkanäle aus Stahlblech	Abschirmung der elektrischen Leitung, im Brandfall keine gesundheitsgefährdenden Gase (wie z.B. bei PVC)
Schutzrohre für Elektro-Leitungen aus Stahlblech	wie vorstehend
Elektronische Vorschaltgeräte im EDV-Bereich	energiesparend, Entfallen des 50-Hertz-Flackerns
EDV-Löschanlage mit CO_2 statt Halon	CO_2 gesundheitlich unbedenklich
Hypokaustenheizung (für Kantine im zweiten Bauabschnitt,	hoher Anteil an Strahlungswärme, geringe Konvektion, geringe Staubbelastung der Raumluft, energiesparend durch direkte Abwärmenutzung aus klimatisierten Räumen
5. Baustoffe Trassmörtel	Naturprodukt mit langer Tradition, verhindert Kalkausblühungen und Auslaugungen, verminderte Rißneigung
Holzfenster	regenerierbarer Baustoff, geringerer Energieeinsatz als bei Aluminium oder Kunststoff, natürliches, atmungsfähiges Material

Empfohlene baubiologische Maßnahmen	Begründung
Behandlung der Holzfenster mit offenporiger Lasur ohne PCP und HCH/Lindan	keine Gesundheitsgefährdung, Erhaltung der positiven Eigenschaften des Holzes
Verglasung mit Quarzglas	UV-Strahlendurchlässig, Verbesserung der gesundheitlichen Bedingungen am Arbeitsplatz, lebensnotwendiges Vitamin D wird vom Körper nur im Zusammenwirken mit UV-Strahlung gebildet
Kupferdachrinnen und -rohre	lange Lebensdauer
Lösemittelarmer Teppichkleber	geringere Gesundheitsbelastung durch schädliche Gase
Bodenbelag aus Linoleum statt PVC (in großem Umfang)	100prozentiges Naturprodukt aus Leinöl, Harz, Kork- und Holzmehl, Jute, permanent keimtötend und antistatisch, im Brandfall keine gesundheitschädlichen Gase (billiger als z.b. Mipolam)
Zementgebundener Caseinkleber für Linoleum	gesundheitlich unbedenktlich
Naturfarben	ohne Kunstharze, synthetische Fungizide, Weichmacher etc. mit ihren gesundheitlichen Nebenwirkungen, angenehmer Geruch
Lösemittelarme Lacke (ausgezeichnet mit dem Umweltengel)	Reduzierung des gesundheitlichen Risikos

Arbeitsplatz

- Die einzelnen Arbeitsplätze sollten systematisch auf Gesundheits- und Umweltbelastungen wie Lärm, Raumklima und Arbeitsstoffe überprüft werden, damit direkte Gefahren für die Mitarbeiter erkannt und rechtzeitig behoben werden können. Vor allem im Bereich der Gefahrstoffe am Arbeitsplatz gibt es in vielen Betrieben noch einen sehr großen Nachholbedarf. So schätzt der DGB-Referent für Arbeitsschutz, Arbeitsumwelt, Arbeitsmedizin und Unfallversicherung aufgrund eigener Forschungen, daß von insgesamt jährlich 130 000 Krebstodesfällen in der Bundesrepublik rund 30 000 im „Zusammenhang mit Einwirkungen in der Arbeitsumwelt stehen".

Entsprechend negativ stellt sich die Bilanz der Berufskrankheiten dar. Zwischen 1970 und 1987 stieg die Zahl der Anzeigen mit Verdacht auf eine Berufskrankheit um 19 455 Fälle. Angesichts dieser Tatsache wundert es nicht, daß auch die Bundesregierung versucht, den Umgang mit gefährlichen Stoffen am Arbeitsplatz über schärfere Gesetze und Verordnungen in kontrollierbare Bahnen zu lenken.

Eine menschengerechte Arbeitsplatzgestaltung muß konkrete Gesundheitsgefahren abwenden − sie muß jedoch auch zwingend die Belange des Mitarbeiters nach Kommunikationsmöglichkeiten sowie nach ansprechenden ästhetischen Außenbindungen berücksichtigen. Nur auf diese Weise ist gewährleistet, daß sich ein Mitarbeiter an seinem Arbeitsplatz, an dem er sich täglich viele Stunden aufhält, wohl fühlt, entsprechend motiviert ist und gute Arbeitsleistungen erbringen kann. Die Mitarbeiter einer Unternehmung stellen das größte Fähigkeits- und Kreativitätspotential dar. Durch Arbeitsbedingungen, die sich an die vorhandene Leistungsfähigkeit und individuellen Bedürfnisse der Mitarbeiter anpassen, können diese Potentiale auch für die Unternehmung genutzt werden. Zur Optimierung der Gesamtsituation des Arbeitsplatzes sollten daher folgende Maßnahmen unbedingt durchgeführt werden:

1. Vorbeugende Schadstoffmessungen am Arbeitsplatz.
2. Regulierung des Raumklimas:
   - Lufttemperatur, relative Luftfeuchtigkeit und Wärmestrahlung auf optimale Behaglichkeitswerte einstellen.
3. Lärmbelastungen vermeiden:
   - z. B. Kauf von Schreibmaschinen, die eine bestimmte Pegelzahl nicht überschreiten (sogenannte Leisetypen),
   - z. B. Abkapselung von EDV-Druckern.
4. Raumausstattung optimieren:
   - z. B. Beleuchtungsstärken auf die Arbeit abstimmen, Verwendung von Leuchtquellen mit Tageslichtspektrum, Indirektbeleuchtung von Bildschirmarbeitsplätzen,
   - z. B. Farbgestaltung den Räumlichkeiten anpassen, ergonomische Arbeitsstühle,
   - z. B. Verwendung von Pflanzen.
5. Ausreichende räumliche und organisatorische Freiheitsgrade für die Mitarbeiter bereitstellen.
6. Verfahren der Gruppenarbeit in die betriebliche Organisation einbauen.
7. Vorträge von Umweltberatern vor Mitarbeitern anbieten.
8. In betrieblichen „Quality-Circles" auch nach umweltverbessernden Maßnahmen suchen lassen.
9. Betriebssport fördern.

4.17 Marketing

Die durch die Implementierung einer konsequenten umweltorientierten Unternehmensstrategie erzielten Umweltvorteile bei der Konzeption, Produktion, Distribution, Entsorgung und den Produkteigenschaften können im Rahmen einer gezielten Umwelt-Marketing-Strategie umgesetzt werden. Eine ökologieorientierte Marketing-Konzeption läßt sich mit den herkömmlichen Mitteln, ergänzt um den speziellen Aspekt der Umweltorientierung durchführen.

Welchen Stellenwert ein ökologisches Marketing heute für eine Unternehmung haben sollte, wird an einer Umfrage des Emnid-Institutes deutlich:

Bundesdeutschen ist insgesamt die Ökologie mittlerweile wichtiger als die Ökonomie. Unternehmen tun gut daran, dieser Einschätzung der Verbraucher Rechnung zu tragen.

Die Adam Opel AG, die als erster Autokonzern in der Bundesrepublik ihre Neuwagen serienmäßig mit geregeltem 3-Wege-Katalysator ausstattete, hat z. B. in aufwendigen Werbekampagnen in den Printmedien sowie in Hörfunk und Fernsehen auf diese Umweltverbesserung ihrer Automobile aufmerksam gemacht. Diese Initiative dürfte dem Konzern nicht nur erhebliche Imagevorteile, sondern auch beträchtliche Pioniergewinne gebracht haben.

Eine Vorreiterrolle in der Vermarktung von Umweltschutzmaßnahmen nimmt seit Jahren die Nahrungsmittelbranche ein. Dem Marktführer in der Bundesrepublik, der Tengelmann-Gruppe (Jahresumsatz 1988: 37,2 Mrd. DM), gelang es durch eine Umwelt-Marketingstrategie, sich Zug um Zug als umweltfreundlicher Einzelhändler zu positionieren. So wurden bereits Mitte der 80er Jahre Froschschenkel und Schildkrötensuppe aus dem Sortiment gestrichen und von diesem Zeitpunkt unter dem Symbol von Frosch und Schildkröte für mehr Umweltbewußtsein geworben.

1987 wurden die Regale von phosphathaltigen Vollwaschmitteln gesäubert, 1988 verschwanden FCKW-haltige Treibmittel, und Anfang 1989 kamen isländische Fischereiprodukte auf den Index, weil Island nicht auf den Walfang verzichten wollte, was mittlerweile reumütig geschehen ist. Im gleichen Sommer listete Tengelmann sämtliche quecksilberhaltige Batterien aus, und schon schwenkten die Hersteller auf umweltfreundlichere Zink-Kohle-Batterien um. Außerdem wurden Lieferanten von Papier- und Hygieneprodukten aufgefordert, Zellstoffprodukte ohne Chlorbleiche bereitzustellen. Auch die Industriegiganten Coca- und Pepsi-Cola sollen veranlaßt werden, die Flut von Weißblechdosen zugunsten der Glasflasche einzudämmen, nachdem bereits 1989 die Flaschen aus dem Kunststoff PET aus den Läden verbannt wurden.

Ein weiterer Lebensmittelriese, die deutsche Spar-Organisation (Außenumsatz 1989: 13,8 Mrd. DM) setzt mittlerweile ebenfalls auf ein umweltfreundliches Sortiment. Im Eigenmarkenbereich wird auf Verpackungsmaterial aus PVC verzichtet. Statt der Einwegverpackung soll es nur noch Mehrwegverpackungen geben. Getränke aus Dosen in Eigenproduktion werden nicht mehr verkauft. Um der Sensibilität der Verbraucher Rechnung zu tragen, hat man sich vorgenommen, die Verursacher von Umweltproblemen in Industrie und Landwirtschaft zu radikalen Anpassungen in Produktion und Sortiment zu bewegen.

- Das gestiegene Umweltbewußtsein der Verbraucher hat mittlerweile sogar zu einer Neudefinition des Markenartikels geführt. Dr. Gerhard Rüschen, Chef der Nestlé Deutschland, beobachtet seit langem die höheren Anforderungen der Verbraucher an Qualitätsprodukte, die sich aus dem gestiegenem Umweltbewußtsein ableiten lassen.

Die Nestlé Deutschland AG hat daher in den Jahren zwischen 1974 und 1989 insgesamt 100 Millionen DM für Umweltschutzinvestitionen aufgewendet, wodurch erhebliche Verbesserungen der Umweltsituation der AG entstanden sind. Rüschen fordert zu einer Marketingstrategie auf, die den Verbraucher über diese Umwälzungen informiert und ihm verständlich macht, daß hinter dem Markenartikel, der Nestlé AG Produkte stehen, die die Belange der Umwelt berücksichtigen.

Daß sich Umweltmarketing bezahlt macht, zeigen nicht nur die Großen dieser Branche. Die Alpirsbacher Klosterbräu sponsert seit Jahren Naturschutzaktionen und Buchprojekte mit ökologischem Anliegen. Auch die Brauereien Neumarkter Lammsbräu und Würzburger Hofbräu engagieren sich für den Naturschutz und verweigern den Einsatz der Einwegdose für Bier. Dr. Franz Ehrnsperger, Inhaber der Neumarkter Lammsbräu, kommentiert: „Wir führen das Reinheitsgebot ad absurdum, wenn unsere Rohstoffe durch Umweltgifte belastet sind. Ob Nitrat im Brauwasser oder Pestizidrückstände in anderen Rohstoffen, wir müssen das Vordringen von Umweltgiften in der Nahrung stoppen."

4.18 Weitere Beispiele

Boehringer Mannheim GmbH

Die umweltorientierte Unternehmensführung manifestiert sich bei Boehringer Mannheim auf folgenden Ebenen:
- Die Entwicklung von Grundsätzen zur Arbeitssicherheit und Umweltschutz als Leitlinien der Geschäftsführung. Diese streben an, Produktionsanlagen sicherer und umweltfreundlicher zu gestalten und die Produkte für den Anwender gefahrloser handhabbar und für die Umwelt verträglicher zu machen. Sie beziehen auch die Mitarbeiter ein, damit diese die Ziele der Leitlinien in ihrer Arbeit berücksichtigen können.
- Umsetzung der Grundsätze zum Umweltschutz in konkrete Schutzmaßnahmen unter Einbeziehung aller betroffenen Abteilungen. Zur Konzipierung und Realisierung noch nicht durchgeführter Umweltschutzaufgaben wurde das „Mittelfristige Umweltschutzprogramm (MUP)" institutionalisiert. Für die speziellen Themenkreise sind jeweils Teams beauftragt. Diesen gehören Vertreter der betroffenen Betriebe, des Bereichs Technik und der Umweltschutzabteilung an.
- Ausbau eines innerbetrieblichen Weiterbildungssystems in Umweltfragen. In jeweils 3tägigen Seminaren werden die Mitarbeiter durch Referate, Diskussionen und Gesprächsrunden geschult, um ihnen die erforderlichen Kenntnisse auf dem Umweltschutzsektor zu vermitteln. Das Weiterbildungssystem wird flankiert durch regelmäßige Veröffentlichungen über Umweltschutz in den Werkszeitschriften. Außerdem werden Verbesserungsvorschläge zum Thema Umweltschutz in ihrer finanziellen Bewertung mit einem speziellen Bonus versehen.

MAN Roland Druckmaschinen AG, Offenbach

Unter Leitung des Immissionsschutzbeauftragten wurde der innerbetriebliche Arbeitskreis Umwelt eingerichtet. Unter Federführung dieses Arbeitskreises werden alle Hilfsstoffe und Chemikalien auf ihre Umweltverträglichkeit überprüft und entsprechend ihres Gefährdungspotentials allgemein bzw. nur für ausgewählte Arbeitsplätze zugelassen. Zusätzlich wurde eine entsprechende Bibliothek angelegt, die eine genaue Zuordnung der Stoffe wie zum Beispiel zu Kostenstellen, zu Einkaufs- und Entsorgungskriterien und zu Wassergefährdungs- und Brandklassen ermöglicht.

Ziel dieser Maßnahmen ist es u. a., die umfangreiche Produktpalette auf möglichst umweltverträgliche Produkte zu minimieren und eine optimale Entsorgung sicherzustellen. Arbeitsplätze, an denen mit Gefahrenstoffen oder mit Stoffen, die Gefahrenstoffe enthalten, umgegangen wird, konnten reduziert oder durch technische und organisatorische Maßnahmen sicher gestaltet werden.

Beim Austausch von problematischen Produkten durch unproblematische konnte weitestgehend Kostenstabilität erreicht werden.

IBM Deutschland GmbH, Stuttgart

Die Firma IBM Deutschland gründet ihr Umweltschutzengagement auf ein integriertes Konzept umweltverträglicher Unternehmensführung. Entsprechend den betriebsspezifischen Umweltschutzproblemen wurden folgende Arbeitsschwerpunkte eingerichtet:

- FCKW-Reduzierung bis 1992 auf den Stand von 3 Prozent des Jahres 1986 und bis 1994 Umstellung auf FCKW-freie Produktionsverfahren.
- Optimierung der Abwasserreinigung durch Trennung der Abwasserströme nach Stoffarten und Stoffmengen. Dadurch können die Grenzwerte für Schadstoffe im Rahmen der technischen Möglichkeiten um bis zum Faktor 10 unterschritten werden.

- Minimierung der Abfallmengen durch Wiederverwertung. Alle chemischen Stoffe, die die Produktion verlassen, werden zu 98 Prozent recycliert und nur der Rest von 2 Prozent wird der Entsorgung zugeführt.
- Grundwasserschutz durch ein Doppelwandsystem für alle CKW-Behälter.
- Kontrollprogramm zur Einhaltung der Umweltzielsetzungen bei vorhandenen Anlagen sowie Einbeziehung bei der Planung umweltrelevanter Anlagen.

4.19 Umweltschutz-Förderprogramme

● Es existieren eine Reihe von öffentlichen Finanzierungshilfen und Förderungsprogrammen für Umweltschutzmaßnahmen. Diese werden unter anderem finanziert von den einzelnen Bundesländern, den Fachministerien der Bundesregierung und der Kommission der Europäischen Gemeinschaft. Gerade klein- und mittelständische Unternehmen fehlen jedoch oft Informationen über diese Programme. Es empfiehlt sich deshalb, eine vorhandene Stabsstelle mit der Überprüfung zu beauftragen oder auf externe Beratungsleistungen zurückzugreifen. Eine erste Hilfestellung zur Enthüllung der ökologischen Subventionsgeheimnisse bietet auch die kostenlose Broschüre des Bundesumweltministeriums „Investitionshilfen im Umweltschutz"

Die Überprüfung der Fördermöglichkeiten für Umweltschutzinvestitionen kann in vielen Fällen lohnend sein, denn bei ein und derselben Investition kann es ohne weiteres gleich mehrere Fördermittel geben. Im Resultat kann dann manch vielleicht etwas teurere Maschine oder Anlage zur Hälfte oder mehr durch Drittmittel finanziert werden. Wirtschaftsgüter, die zu mehr als 70 Prozent dem Umweltschutz dienen (nach Paragraph 7d des Einkommensteuergesetzes), lassen sich bereits im ersten Jahr mit 60 Prozent und in den folgenden Jahren mit jeweils 10 Prozent abschreiben. Diese schnelle Abschreibung bringt erkennbare Zins- und Liquiditätsvorteile. Noch interessanter können für viele Investoren die Förderprogramme der Bundesländer sein. Diese Programme bieten nicht rückzahlbare Zuschüsse von 15 bis 70 Prozent für vielerlei Maßnahmen.

Auch die EG greift tief in den Subventionstopf. Bis zum Jahre 1991 sind 12 Milliarden DM zu vergeben. Besonders kleinere Firmen sollen künftig vom Geldsegen aus Brüssel profitieren. Deshalb hat die EG-Kommission beispielsweise in das Förderungsprogramm zur Grundlagenforschung mit dem Kürzel „Brite" eine Mittelstandskomponente eingebaut. Firmen mit weniger als 500 Beschäftigten erhalten aus Brüssel Zuschüsse bis zu 50000 DM für Studien über die Erfolgswahrscheinlichkeit eines Projektes in der Basisforschung.

Die Förderung von Umweltschutzinvestitionen ist an Bescheinigungen geknüpft, die bei den Behörden eingeholt werden müssen. Die einzelnen Finanzierungsprogramme erscheinen jedoch nicht nur den Laien aufgrund ihrer Vielfalt zunächst verwirrend – mit ihren Angeboten für Maßnahmen zur Reinhaltung von Boden, Wasser und Luft. Es ist daher empfehlenswert, den Antrag auf Förderung und die Abwicklung der Umweltschutzkredite über die Hausbank abzuwickeln.

4.20 Externe Hilfe

● Umweltorientiertes Management wird immer stärker thematisiert. Die Analysen in Ost und West zeigen, daß auf vielen Gebieten erheblicher Handlungsbedarf besteht. Die UN-Kommission für Umwelt und Entwicklung stellt in ihrem Bericht „Unsere gemeinsame Zukunft" besonders heraus, daß Industrie und Regierungen gemeinsam und verantwortlich dafür Sorge tragen, daß Umweltschutz in die betriebliche Praxis stärker integriert wird und institutionelle Einrichtungen für umweltorientiertes Verhalten auf allen Ebenen geschaffen werden.

Der 1989 abgeschlossene „Task Force Report on the Environment and the International Market", der im Auftrag der Generaldirektion Umwelt der EG-Kommission von 14 international renommierten Wissenschaftlern erstellt wurde, stellt dar, daß auch der EG-Binnenmarkt neben den bekannten wirtschaftlichen Vorteilen erhebliche negative ökologische Auswirkungen haben wird.

Auch die Öffnung der Grenzen im Osten der Bundesrepublik Deutschland zeigt, daß dort die Umweltsituation zu den vordringlichen Problemen zählt. Gleichzeitig wird deutlich, daß Umweltschutz nicht allein durch gesetzliche Vorgaben durchgesetzt werden kann, sondern auch konsequent in den betriebs- und volkswirtschaftlichen Zielekatalog integriert werden muß.

Es ist daher eine vordringliche Aufgabe,

- der gewerblichen Wirtschaft zu verdeutlichen, daß konsequenter Umweltschutz in ihrem eigenen sowie im volkswirtschaftlichen Interesse liegt,
- das Know-how für umweltbewußtes Management zu vermitteln und das pauschale Vorurteil „Umweltschutz im Betrieb ist ein Kostenfaktor" durch gezielte branchen- und betriebsspezifische Beratung zu wiederlegen,
- den Einsatz von bewährter, praxiserprobter Umweltschutztechnologie zu fördern und den kritiklosen Einsatz teurer und häufig nur problemverlagernder End-of-the-pipe-Technologien zu vermeiden,
- managementbedingte Umweltprobleme international durch gemeinsame Anstrengungen der europäischen Staaten zu lösen.

Das weltweit erste Modell einer praxiserprobten „Integrierten, umweltorientierten Unternehmensführung" wird in der Bundesrepublik vom Bundesdeutschen Arbeitskreis für umweltbewußtes Management (B.A.U.M.) verbreitet. B.A.U.M. ist eine Umweltinitiative der Wirtschaft, die 1987 als gemeinnütziger Verein von Unternehmern gegründet wurde. Derzeit hat B.A.U.M. in der Bundesrepublik rund 220 Mitglieder in allen Branchen und Betriebsgrößen. Zu ihnen gehören große Unternehmen, Organisationen und Repräsentanten der Industrie, des Handwerks, des Handels- und Dienstleistungsgewerbes sowie viele mittelständische Betriebe.

Ziel von B.A.U.M. ist es, Unternehmen und Institutionen für die Belange des Umweltschutzes zu sensibilisieren und zu motivieren, damit Unternehmen freiwillig und über die gesetzlichen Anforderungen hinaus Umweltschutz als wichtige Zielsetzung erkennen und entsprechend umsetzen. Basierend auf dem „Integrierten System umweltorientierter Unternehmensführung", das aus den Erfahrungen der Unternehmenspraxis entwickelt wurde, bietet B.A.U.M. engagierten und interessierten Unternehmen ein detailliertes Beratungsangebot an. Dieses umfaßt u. a. die Analyse der betriebsspezifischen ökologischen Schwachstellen in allen Unternehmensbereichen einschließlich konkreter Empfehlungen zur Verbesserung der betrieblichen Umweltsituation durch Umsetzung der Lösungsvorschläge nach einem prioritätenorientierten Umweltaktionsplan, die Möglichkeiten, Mitarbeiter verstärkt zur Aufdeckung betrieblicher Umweltprobleme einzubeziehen, sowie Richtlinien zur Definition des betrieblichen Umweltschutzes als eines der wesentlichen strategischen Ziele des Unternehmens neben der langfristigen Existenzsicherung, Gewinnerzielung und Ausweitung des Marktanteils.

Zur Minimierung der Beratungskosten entwickelte B.A.U.M. darüberhinaus einen Fragenkatalog, der eine erste, aber dennoch breite Analyse der wichtigsten umweltbezogenen Schwachstellen im Betrieb ohne zeit- und arbeitsaufwendige Ist-Analyse ermöglicht.

Das B.A.U.M.-Konzept hat sich in der Bundesrepublik bewährt. Es hat die Bildung des Umweltbewußtseins in der Industrie maßgeblich unterstützt und mitgeprägt. Viele Unternehmen und Dienstleistungsbetriebe konnten aufgrund der Beratung durch B.A.U.M. erhebliche Kosten einsparen. An dieser Stelle einige Beispiele:

1. Produktionsbetrieb von Kunststoff-Preßformteilen
   - Optimierung der überdimensionierten Antriebsvorrichtungen für Gebläse und Stanzen
   Einsparpotential: 20 – 30 Prozent der Stromkosten
   - Optimierung der Auslegung der Eigenstromversorgung
   Einsparpotential: bis zu 800 000 DM pro Jahr

- Sanierung des Beleuchtungsbereichs (z. B. verspiegelte Reflektoren und Sparlampen)
  Einsparpotential: bis zu 60 Prozent der Kosten für Beleuchtungsenergie
- entscheidende Hinweise auf Mängel bei der Lagerung von chemischen Stoffen
- Hinweis auf die Möglichkeit des Aufbaus einer Lösungsmittel-Rückgewinnungsanlage (Förderungswürdig durch Zuschüsse)
- Hinweis auf Produktsubstitution, die die aufwendigen Absauganlagen überflüssig machen
  Einsparpotential: 600000 DM pro Jahr

2. Lieferservice-Unternehmen
   - u. a. Möglichkeit zur Kraftstoffeinsparung Einsparpotential 80000 DM pro Jahr

3. Pharmazeutisches Unternehmen
   - Optimierung des Energieeinsatzes u. a. durch Nutzung der Kraft-Wärme-Kopplung, Prozeßwärme und Umstellung der Tarife und Bezugsbedingungen
     Einsparpotential: rund 1,3 Mio DM pro Jahr
   - Feststellung von Bodenkontaminationen durch Produktions- und Reinigungsprozesse und Aufzeigen von dringend erforderlichen unbürokratischen Sanierungsmaßnahmen
   - Einschränkung der Sortenvielfalt und Optimierung des Dosiersystems bei Reinigungsmitteln
     Einsparpotential: ca. 5000 DM pro Jahr

4. Verwaltungsbehörde
   Bereich Bürowesen:
   - Ersatz von Einwegartikeln durch Mehrwegprodukte (z. B. Wiedereinfärben von Farbbändern)
     Einsparpotential: ca. 3000 DM pro Jahr
   Bereich der zentralen technischen Einrichtungen:
   - 10 Empfehlungen zur Optimierung der Anlagen
     Einsparpotential: nicht sofort quantifizierbar
   Energiebewirtschaftung:
   - energetische Optimierung der Beleuchtung
     Einsparpotential: ca. 93000 DM pro Jahr

- Verbesserung des Wärmeschutzes am Gebäude
  Einsparpotential: ca. 104000 DM pro Jahr
Wasserbewirtschaftung:
- Installation von Wassersparamaturen
  Einsparpotential: ca. 40000 DM pro Jahr
Entsorgung:
- Regenerierungsmaßnahmen bei Entwicklerflüssigkeit und Fotobändern
  Einsparpotential: ca. 35000 DM pro Jahr
Bereich Wasch-, Reinigungs- und Hygienewesen:
- u. a. Umstellung auf umweltfreundliche Reinigungsmittel und Papierhandtücher
  Einsparpotential: ca. 15000 DM pro Jahr
- Auftragsvergabe „Reinigung" an externes Dienstleistungsunternehmen incl. Umstellung der Reinigungsmittel
  Einsparpotential: ca. 50000 DM pro Jahr
Bereich Instandhaltung und Neubauten:
- ökologisches Bauplanungssystem
  Einsparpotential: 8 Prozent der Bausumme (ca. 800000 DM)
Bereich Transportwesen:
- optimierte Kraftfahrzeugswartung sowie Vorschläge für einen umweltfreundlichen Fahrbetrieb
  Einsparpotential: ca. 20000 DM pro Jahr

Der geldwerte Nutzen der von B.A.U.M. aufgedeckten Kosteneinsparpotentiale übertrifft nicht nur in diesen Studien die von B.A.U.M. in Rechnung gestellten Kosten um ein Vielfaches. Die Beratungsleistungen der Hamburger Unternehmensinitiative werden daher auch zunehmend gefragt.

Über dieses Beratungsangebot hinausgehend ist B.A.U.M. auf weiteren Feldern aktiv, um die Methoden des umweltorientierten Managements in breiten Kreisen der Unternehmerschaft bekannt zu machen. 1988/89 wurden unter anderem die folgenden Projekte durchgeführt:

- Veranstaltung von Seminaren und Arbeitskreisen zu Themenbereichen umweltorientierter Unternehmensführung – von der Abwas-

serreinigung über Umweltschutz im Büro bis zu umweltorientierten Imagekonzepten.
- Organisation themenbezogener Kongresse. Ende 1989 wurde von B.A.U.M. der Kongreß „Betriebe und Umweltschutz − Chancen einer umweltorientierten Unternehmensführung" im Auftrag des Bayerischen Staatsministerium für Landesentwicklung und Umweltfragen vorbereitet.
- Mitwirkung am Forschungsprojekt „Umweltorientierte Unternehmensführung" des Bundesministers für Umwelt, Naturschutz und Reaktorsicherheit. Im Rahmen des Forschungsprojektes wurden über 600 Unternehmen zu ihrer Einstellung zu Umweltfragen interviewt und Fallstudien einzelner Unternehmen angefertigt.
- Vorstellungen des B.A.U.M.-Modells national und international auf zahlreichen Kongressen, Tagungen, Seminaren und Unternehmergesprächen.

B.A.U.M. weitet seine Aktivitäten auf den Sektor des betrieblichen Umweltschutzes weiter aus. In Vorbereitung oder in Arbeit befinden sich insbesonders die folgenden Projekte:

- Weiterer Ausbau der Seminare und Arbeitskreise analog dem regionalen Zuwachs an B.A.U.M.-Fördermitgliedern.
- Unterstützung von Mitgliedsunternehmen bei der Durchführung von Pilotprojekten.
- Intensive Medienarbeit mit dem Ziel, Positivbeispiele umweltorientierter Unternehmensführung in weiten Kreisen der Wirtschaft sowie der Öffentlichkeit vorzustellen und Anregungen zur Umsetzung im eigenen Betrieb zu geben.
- Gründung eines individuellen Arbeitskreises der Umweltmanager der B.A.U.M.-Mitgliedsunternehmen.
- Organisation weiterer Umweltschutzkongresse, u.a. in Erfurt, Schwerin und Leipzig.
- Entwicklung eines Schulungsprojektes „Chemie im Büro" für öffentliche Beschaffungsstellen sowie Industrie-, Handels- und Dienstleistungsbetriebe.
- Herausgabe eines B.A.U.M.-Journals als Informationsmedium.
- Aufbau eines internationalen Netzwerks.

Das B.A.U.M.-Modell gilt mittlerweile auch auf internationaler Ebene als ein vorbildliches System einer umweltorientierten Unternehmensführung. Es wurde mittlerweile vielfach im internationalen Rahmen wie z. B. bei den Davoser Unternehmensgesprächen, bei der renommierten Business School INSEAD in Fontainebleau, bei der ECIEM in Interlaken, der Oecologia in Wien, der Big Tech in Berlin und der Rhine Conference in Straßburg vorgestellt. Die internationale Handelskammer (ICC) sieht den Bundesdeutschen Arbeitskreis für umweltbewußtes Management als Modellfall einer Organisation für betrieblichen Umweltschutz und beauftragte B.A.U.M. mit der Erarbeitung eines Ehrenkodex für umweltbbewußte Unternehmensführung.

Weitere detaillierte Informationen über die Aktivitäten des Bundesdeutschen Arbeitskreises für umweltbewußtes Management sind direkt erhältlich bei:

B.A.U.M. e. V.
Tinsdaler Kirchenweg 211
2000 Hamburg 56

Literaturverzeichnis

APITZ IMAGE + STRATEGIE GMBH (Hrsg.): Umweltbewußtsein von deutschen Nachwuchsmanagern 89
APITZ, KLAAS: Konflikte, Krisen, Kathastrophen, FAZ/Gabler, 1987
APITZ, KLAAS: Erfolgsfaktoren von Marktführern, Verlag Moderne Industrie, 1989
A.U.G.E. (Hrsg.): Der Umweltfahrplan, 1989
ANSORGE, DIETMAR W.: Defizite bei der Altlastensanierung, aus: Umwelt-Magazin April 1989
BRANDT/HANSEN/SCHOENHEIT/WERNER: Ökologisches Marketing, Campus-Verlag 1988
BRAUCHLING, EMIL: Ökogerechte Unternehmensstrategien, aus: Thexis 3/88, S. 11 – 14
BRUNOWSKY, RALF-DIETER/KLEINERT, JÜRGEN: Aufruf aus Tutzing, aus: Wirtschaftswoche Nr. 20/88
Bundesverband der deutschen Industrie e.V. (Hrsg.): Die Zukunft unserer Umwelt – Perspektiven 2000, Januar 1990
CLARK, J.M.: Competition as a Dynamics Process, Washington D.C. 1963
CLEFFMANN, GÜNTHER: Stoffwechselphysiologie der Tiere, UTB 1979
DRÖSCHER, VITUS B.: Geniestreiche der Schöpfung, dtv 1988
DRÖSCHER, VITUS B.: Weiße Löwen müssen sterben, Rasch & Röhring 1989
FRIEGE, HENNING: Chemie für wen?, Rowohlt 1988
GEGE, MAXIMILIAN: Chancen einer umweltbewußten Unternehmensführung, Design-Forum 1989
GEPPERT, PETER P.: Das tagtägliche Risiko, aus: Umwelt Nr. 6/89
GIERL, HERIBERT: Ökologische Einstellungen und Kaufverhalten im Widerspruch, aus: Markenartikel Nr. 1/87
HADORN E./WEHNER R.: Allgemeine Zoologie, Thieme-Verlag 1974
HAUCH-FLECK, Marie-Luise: Gefährliche Stoffe, aus: Die Zeit Nr. 47/89
HOCHSTÄTTER, DIETRICH: Lorbeer und Mammon, aus: Wirtschaftswoche Nr. 5/90
KAFKA, PETER: Das Grundgesetz vom Aufstieg, Hanser-Verlag 1989
KARLSON, PETER: Kurzes Lehrbuch der Biochemie, Thieme-Verlag 1980
KELLER, VERA: Abfall auf Achse, aus: Wirtschaftswoche Nr. 6/90
KLIEMT, HARTMUT: Ökonomie und Ethik, aus WiSt Nr. 3/87
KLOFT, WERNER J.: Ökologie der Tiere, UTB 1978
KOCH, EGMONT R.: Umweltschutz zu Hause, Mosaik-Verlag 1984
KOECKE, H.U.: Allgemeine Biologie für Mediziner und Biologen, UTB 1975
KOWALEWSKY, REINHARD: Schadstoffarm schaffen, aus: Wirtschaftswoche
LACKNER, STEPHAN: Die friedfertige Natur, Kösel-Verlag 1982

LEONARD, HELMUT: Histologie, Zytologie und Mikroanatomie des, Thieme-Verlag 1977
LOHMANN, MICHAEL (Hrsg.): Wohin führt die Biologie?, dtv 1977
LÜCK, WOLFGANG PROF. DR.: Lexikon der Betriebswirtschaft, Verlag Moderne Industrie 1983
MANN, RUDOLF: Das ganzheitliche Unternehmen, Scherz-Verlag 1988
MEFFERT/KIRCHGEORG/OSTMEIER: Analysekonzepte und strategische Optionen des ökologieorientierten Marketing, aus: Thexis 3/88, S. 22 – 27
MÜLLER, K.R.: TA Abfall − Aufbau − Zielsetzung, aus: UWSF − Zeitung für Umweltchemie und Ökotoxikologie 1/89
NIESCHLAG/DICHTL/HÖRSCHGEN: Marketing, Duncker & Humblot 1988
OBERHOLZ, ANDREAS: Gewinn im grünen Licht, aus: Chancen 5/88
OBERHOLZ, ANDREAS: Wunsch und Realität, aus: Wirtschaftswoche Nr. 17/89
PIEROTH, E./WICKE, L.: Chancen der Betriebe durch Umweltschutz, Rudolf Haufe-Verlag 1988
PROBST, PETER/GOMEZ, GILBERT J.B.: Vernetztes Denken im Management, aus: Die Orientierung Nr. 89
RAFFÉE, HANS/WIEDMANN, KLAUS PETER: Die Bewußtseinslage der Nation, aus: Marketing ZFP Heft 2/84
RAFFÉE, HANS/WIEDMANN KLAUS PETER: Wenn Werte wichtig werden, aus: Manager Magazin Nr. 3/84
RENSING/HARDELANG/RUNGE/GALLING: Allgemeine Biologie, UTB 1975
RENTSCHLER, CLAUS: Die Schmutzfinken der Welt, aus: Management Wissen 9/89
RICHTER, GERHARD: Stoffwechselphysiologie der Pflanzen, Thieme-Verlag 1982
RIFKIN, JEREMY: Entropie − ein neues Weltbild, Hoffmann & Campe 1982
SCHARINGER, FRANZ: Wer mehr reinigt, zahlt weniger, aus: Umwelt Magazin Juni 1989
SCHMIDT, PETER: Abfall ist kein Eintopf, aus: Wirtschaftswoche Nr. 4/90
SCHÖPPNER, KLAUS-PETER: Exportchancen für Umwelttechnik, aus: Umweltmarkt von A-Z 1988/89
SCHREINER, MANFRED: Umweltmanagement in 22 Lektionen, Gabler-Verlag 1988
SCHÜTZE, CHRISTIAN: Das Grundgesetz von Niedergang, Hanser-Verlag 1989
SEIDEL, E./MANN, H.: Ökologisch orientierte Betriebswirtschaft, Kohlhammer-Verlag 1988
SENN, JOSEF E.: Ökologie-orientierte Unternehmensführung, Verlag Peter Lang 1986
SIEBEL, W.A.: Wissenschaft und Logos Beiheft 3, Glaser-Verlag 1989
SPRENGER, ULRICH: Der Umweltschutzmarkt wächst, aus: Umweltmarkt Dezember 1986

STAFFELBACH, BRUNO: Ethik und Management, aus: Die Unternehmung Nr. 6/87
STAHLMANN, VOLKER: Umweltorientierte Materialwirtschaft, Gabler-Verlag 1988
STEGER, ULRICH: Umwelt-Management, Gabler-Verlag 1988
TREUNERT, ECKHARD: Die neuen Regelungen des Abwasserabgabengesetzes, aus: Kommunale Entsorgung Dezember 1987
TROGE, ANDREAS: Umweltschutz in der Produktion, aus: Umwelt Magazin April 1989
VARDAG, FAWZIA: Konsumentenverhalten verändert sich, aus: Gablers Magazin Nr. 5/88
VESTER, FREDERIC: Neuland des Denkens, dtv 1980
VON WEIZSÄCKER, ERNST U.: Erdpolitik − ökologische Realpolitik an der Schwelle zum Jahrhundert der Umwelt, Wissenschaftl. Buchgemeinschaft 1990
VOSS, GERHARD: Wettbewerbsvorteile von morgen, aus: Umwelt Nr. 5/88
WICKE, LUTZ: Die ökologischen Milliarden, Kösel-Verlag 1986
WINTER, GEORG/EWEN, H. JÜRGEN/GEGE, MAXIMILIAN: Das umweltbewußte Unternehmen, Verlag C.H.Beck 1987
WOLL, A.: Wettbewerb, aus: Handwörterbuch der Absatzwirtschaft, Stuttgart 1974

Stichwortverzeichnis

A
Abfall 89
Abwärme 134
Abwässer 31
Abwasserbehandlung 142
Affemann, Rudolf 111
Alpirsbacher Klosterbräu 155
Altfahrzeuge 128
Ameise 81, 93 f.
Amöbe 71 f.
Arbeitsplatz 152
– Umweltbedigungen 148
Arbeitsplatzkonzentrationswerte 116
Asean Brown Boveri AG 48

B
Baum 90
Bauweisen 24
Bauwesen 148
Beleuchtung 135
Bionics 24
Biosphäre 12, 19
Birkenspanner 49
Blattlaus 93 f.
„blauer Engel" 118
Boehringer Mannheim GmbH 156
Bosch 119
Brennessel 24
Büromaterialien 121
– umweltschonende 121
Bundesdeutscher Arbeitskreis für umweltbewußtes Management, B.A.U.M. 160 ff.

C
Calhoun, John B. 66
Chitin 23
Chlorbleiche 124

D
Darwin, Charles 78
Dreizehn-Punkte-Plan 55 f.

E
Ehrnsperger, Dr. Franz 155
Eiche 16
Einzeller 63
Emissionskonzentration 116
Energie 31, 64
Energiebeauftragter 130
Energieeinsparung im Fuhrpark 147
Energiekonzept 129
Energieliefervertrag 130
Energiesparen 101 f., 137
Entropie 17, 27
erster Hauptsatz der Thermodynamik 17
Ethik 110 ff.
Exxon 42

F
Fahrverhalten 146
Farbeimer 127
Farben 120
Fuhrpark 144

H
Häuptling Seattle 33
Heeren 128
Hilger, Wolfgang 112
Holzschutzmittel 120
Hornissen 21

I
IBM Deutschland GmbH 134, 157
Image der Natur 33
Insekten 21

171

J
Jones, Hans 111

K
Kartellgesetz 74
Keramchemie GmbH 125
Kleber 120
Koerber, Dr. Eberhard von 48
Kohlendioxid 19, 90 f.
Kooperation 79 ff.
Kraftmaschinen 134
Krokodil 82
künstliches System 62

L
Lacke 120, 122
Lackner, Stephan 79
Lärm-Management 143
Lamarck 90
Leuchtstofflampen 136
Lösungsmittel 124
Luftreinigung 31

M
MAN Roland Druckmaschinen AG 157
Marketing 153
Materialeinsparung 24
Möwe 86

N
natürliches System 61, 65
Naturgesetze 16
Nestlé Deutschland AG 155
Neumarkter Lammsbräu 155
Nüsse 22

O
Öko-Bilanz 113
ökologische Preise 107
Opel AG, Adam 123, 154
Organ 65

P
Pandabär 86
persönliches Umweltbewußtsein 45
Pflanzen 97
Photosynthese 20, 98
planetarisches Denken 13, 30
Prognos AG 100, 129
PWA Waldhof 124

R
Ratte 66, 86
Recycling 21
Recyclingpapier 119
Reinigungsmittel 120
Rezirkulation 53
Rüschen, Gerhard 155

S
Schwermetallrecycling 127
Shell AG, Deutsche 48
Selbstbegrenzung 65, 75
Sondermüll 126
Sonne 19, 98
Spar-Organisation 155
Spülkästen 141
Standortentscheidungen 148
Stoffkreislauf 92, 94
Symbiose 80

T
Taube 86
Tengelmann-Gruppe 154
Tod 84
Tumor 73

U
Umweltbeauftragte 115
Umweltbundesamt 118
Umweltcontrolling 112
Umwelterziehung 29 f.
umweltfreundliches Energiemanagement 128

umweltfreundliche Verfahrenstechnik 122
- Chlorbleiche 124
- Lacke 122
- Lösungsmittel 124
umweltgerechte Entsorgung 125
Umweltgesetzgebung 104
umweltorientierte Materialwirtschaft 117
Umweltschäden 96
- Kosten der 103
Umweltschutz 15, 29 f.
Umweltschutzaufwendungen 96
Umweltschutz-Förderprogramme 158
Umweltschutzmanagement 113
Umweltschutzpapier 119

V
Verantwortung 109
Verfahrenstechnik, umweltfreundliche 122
Verpackung 22, 31
Vester, F. 99
Volkswagen AG 128

W
Wärmeerzeugung 132
Wärmerückgewinnung 133
Wärmeschutz 131
Wassereinsparung 141
Wasserhähne 141
Wasser- und Abwassermanagement 138
Weber, Max 11
Wertschätzung 87
Wertvorstellungen 15
Wespen 21
Wettbewerb 77
Winter & Sohn, Ernst 17, 137, 149
Wicke, Lutz 104
Wiederverwertung 27
Wiegand & Söhne GmbH, Friedrich Wilhelm 127
Wirtschaftswachstum 15
Wolfsrudel 88 f.
Würzburger Hofbräu 155

Z
zweiter Hauptsatz der Thermodynamik 17 f.

Jacobi, Jens-Martin
13 Leitbilder des Managers von morgen
1989, 140 S., Geb. DM 38,-
ISBN 3 409 19134 8
Jeder, der sich mit diesem Buch beschäftigt, erhält die Chance, seine persönliche Wirkung auf andere zielgerichtet zu verbessern und damit die Qualität seiner Ausstrahlung zu erhöhen.

Kraushar, Peter
Unternehmensentwicklung in der Praxis
1989, 286 S., Geb. DM 68,-
ISBN 3 409 19659 5
„Falsche Markteinschätzung, personelle Fehlbesetzung sind häufig Ursachen für Mißerfolge bei der Unternehmensentwicklung. Das Buch zeigt am Beispiel namhafter Unternehmen Erfolge und Fehlschläge auf.

Darazs, Günter H.
Computer-Dimensionen
1988, 271 S., Geb. DM 68,-
ISBN 3 409 18700 6
„...Das Buch bietet nicht nur umfassendes informationstechnologisches Know-how, sondern stellt auch dessen Einsatz verständlich und anwendungsorientiert dar. Somit ist es ein wichtiger Begleiter auf dem Weg in die Informationsgesellschaft von morgen. ..."
VDI Nachrichten 6.89

Maderthaner, Wolfgang
Der Kundenmanager
1987, 176 S., Geb. DM 64,-
ISBN 3 409 13713 0
„..., beschreibt die Instrumente für die Umsetzung des Kunden-Management-Konzeptes und belegt an Unternehmensbeispielen, wie dieses Konzept in der Praxis funktionieren kann."
absatzwirtschaft 3/88

Hirzel, Matthias
Managementeffizienz
4., erweiterte Auflage 1988, 265 S., Geb. DM 69,-
ISBN 3 409 49618 1
Dieser bewährte Ratgeber gibt praktische Anregungen und hilft, Fehler zu vermeiden. Die Neuauflage wurde um das Thema „Vortrag und Präsentation" erweitert.

Menz, Adrian P.
Menschen führen Menschen
1989, 232 S., Geb. DM 68,-
ISBN 3 409 13124 8
„...Das Buch zeigt, wie Unternehmen menschlicher, Vorgesetzte verbindlicher und Mitarbeiter unternehmerischer werden. ..."
Platow Brief

Pinchot, Gifford
Intrapreneuring
1988, 400 S., Geb. DM 78,–
ISBN 3 409 18702 2
„... ist ein Leitfaden für Unternehmer und Manager, diese besondere Spezies ... gezielt zu fördern ..."

Arthur D. Little Intern. (Hrsg.)
Management des geordneten Wandels
1989, 221 S., Geb. DM 68,-
ISBN 3 409 13345 3
„.. vermittelt das Buch eine hochkonzentrierte Portion wertvoller Tips und Denkanstöße für Unternehmer. Das ist natürlich eine Empfehlung wert."
Markt & Technik 16.6.1989

Heintel, Peter /
Krainz, Ewald E.
Projektmanagement
1990, IX, 250 S.,
Geb. DM 68,-
ISBN 3 409 13201 5
Dieses Buch zeigt Perspektiven auf, wie der Widerspruch zwischen entgegengesetzten Organisationsprinzipien in einer Organisation zu handhaben ist.

Oess, Attila
Total Quality Management
1989, 218 S., Geb. DM 68,-
ISBN 3 409 13622 3
Dieses Buch liefert detaillierte Handlungsanweisungen für die Umsetzung im Unternehmen.

Achterholt, Gertrud
Corporate Identity
1988, 208 S., Geb. DM 78,-
ISBN 3 409 13620 7
Nach einer Bestandsaufnahme beschreibt die Autorin theoretisch fundiert und in der Praxis nachvollziehbar wie eine Corporate Identity zu planen, zu organisieren und umzusetzen ist,

Management Perspektiven

Führungskräfte in der Wirtschaft stehen täglich vor neuen Herausforderungen. Sie brauchen Visionen, die ihnen den Weg in die Zukunft aufzeigen. Genauso wichtig sind aber auch praktische Handlungsanweisungen, die eine Verbindung vom Heute zum Morgen herstellen.

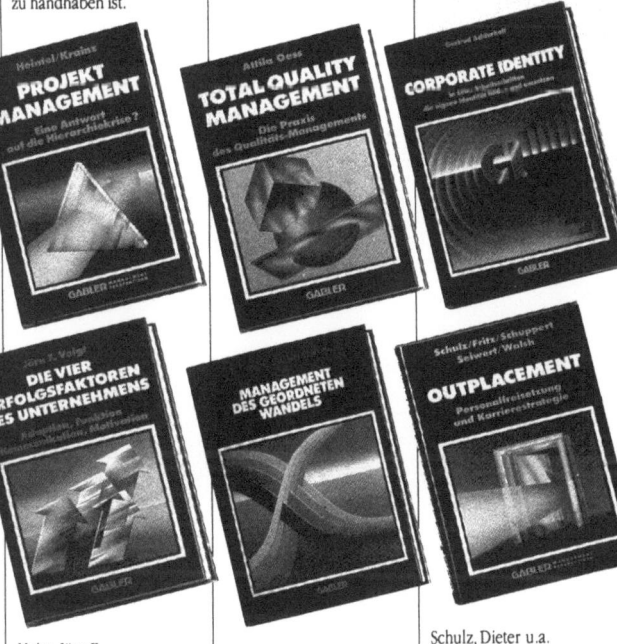

Gabler Management Perspektiven stellt sich diesem Anspruch, schlägt neue Wege ein, bietet Leitbilder, ohne den Bezug zur Realität zu verlieren. Die Autoren sind kompetente und überaus erfolgreiche Praktiker - oft mit fundierter wissenschaftlicher Ausbildung -, die verständlich und leicht lesbar Trends aufgreifen, Perspektiven eröffnen, eigene Erfahrungen weitergeben und Instrumente für zukunftsorientiertes Handeln liefern. Sie machen Visionen zu erreichbaren Realitäten. Ihre Erkenntnisse können die Leser unmittelbar umsetzen und damit ihr Unternehmen zum Erfolg führen.

Voigt, Jörn F.
Die vier Erfolgsfaktoren des Unternehmens
1988, 202 S., Geb. DM 68,-
ISBN 3 409 13203 1
„... Es erinnert in seiner erfrischenden Sprache und Darstellung sehr an amerikanische Management-Lektüre. Dazu tragen auch die vielen, praktischen Beispiele bei, ..."
Die Welt 17.9.1988

Arthur D. Little Intern. (Hrsg.)
Management des geordneten Wandels
1989, 221 S., Geb. DM 68,-
ISBN 3 409 13345 3
„... vermittelt das Buch eine hochkonzentrierte Portion wertvoller Tips und Denkanstöße für Unternehmer. Das ist natürlich eine Empfehlung wert."
Markt & Technik 16.6.1989

Schulz, Dieter u.a.
Outplacement
1989, 180 S., Geb. DM 68,-
ISBN 3 409 13837 4
Outplacement - durchgeführt von kompetenten Beratern - ist die optimale Lösung in einer beruflichen Situation, die keinen anderen Ausweg als die Trennung zuläßt. In diesem Buch wird erstmalig der Gesamtkomplex behandelt.

Gabler Management Perspektiven sind eine anregende Lektüre für alle Entscheidungsträger, die Chancen der Zukunft für sich selbst und für ihre Unternehmen nutzen und ihrer Konkurrenz einen Schritt voraus sein wollen.

Weitere Informationen erhalten Sie bei Ihrem Buchhändler oder direkt vom Verlag, Taunusstr. 54, 6200 Wiesbaden
Telefon 0 61 21 / 5 34-69

MIX
Papier aus verantwortungsvollen Quellen
Paper from responsible sources
FSC® C105338

If you have any concerns about our products,
you can contact us on
ProductSafety@springernature.com

In case Publisher is established outside the EU,
the EU authorized representative is:
**Springer Nature Customer Service Center GmbH
Europaplatz 3, 69115 Heidelberg, Germany**

Printed by Libri Plureos GmbH
in Hamburg, Germany